高等职业教育播音与主持专业新形态教材

有声语言表达艺术与传播系列丛书

有声语言表达发声基础

吕　凯　主编

扫码下载
教学资源

北京交通大学出版社
·北京·

内 容 简 介

本书共分为九章，全面而系统地介绍了有声语言表达的发声技巧和基础知识，注重职业化、技能化。第一章、第二章为学生提供了有声语言表达与发声的基本概念，为后续章节的学习奠定了基础。第三至八章则分别深入探讨了呼吸控制、口腔控制、喉部控制、共鸣控制、声音弹性及情、声、气的结合等关键技巧。第九章为综合训练材料，在帮助学生训练普通话语音的同时，也能潜移默化地增强其文化底蕴。本书配有丰富的教学资源，包括教学课件、教案、教学标准、习题集，便于教学。

本书可作为播音与主持、网络与新媒体、戏剧影视表演、影视编导、体育教育、音乐教育、学前教育等专业的教学用书。

图书在版编目（CIP）数据

有声语言表达发声基础 / 吕凯主编. -- 北京 : 北京交通大学出版社，2025. 2.

ISBN 978-7-5121-5370-7

Ⅰ. H0

中国国家版本馆 CIP 数据核字第 2024BF0153 号

有声语言表达发声基础

YOUSHENG YUYAN BIAODA FASHENG JICHU

策划编辑：宫靖云　　责任编辑：严慧明

出版发行：北京交通大学出版社　　电话：010-51686414　　http://www.bjtup.com.cn

地　　址：北京市海淀区高梁桥斜街 44 号　　邮编：100044

印 刷 者：北京鑫海金澳胶印有限公司

经　　销：全国新华书店

开　　本：185 mm×230 mm　　印张：13　　字数：208 千字

版 印 次：2025 年 2 月第 1 版　　2025 年 2 月第 1 次印刷

定　　价：48.00 元

本书如有质量问题，请向北京交通大学出版社质监组反映。对您的意见和批评，我们表示欢迎和感谢。

投诉电话：010-51686043，51686008；传真：010-62225406；E-mail：press@bjtu.edu.cn。

序

欣闻成都艺术职业大学播音与主持专业青年教师吕凯有关发声的教材出版，可喜可贺！

声音是语音的物质载体，没有声音的依托，语音就会缺失存在的基础。有声语言艺术的用声要求不同于生活语言，这主要表现在声音的清晰度、高度、响度、亮度、力度、厚度、持久度和优美度等多个方面，具体落实到呼吸、气声匹配模式、共鸣、吐词等各个方面。完全照搬生活语言的声音，难以体现出有声语言的艺术性，也不能满足有声语言艺术表达对声音多样性的需要。所以，有声语言艺术工作者，包括播音员、主持人，都需要进行发声训练，以便拓展发声能力，提升发声水平。在播音与主持专业，发声课是基础性核心专业课程，一般会开设在大学一年级。而发声训练则应该贯穿整个大学阶段，专门从事有声语言艺术创作的人，还应该长期坚持练声。即使是在人工智能技术日新月异的当下，甚至是未来，发声都是有声语言艺术工作者最基础的专业技能。

教师的发声教学和学生的发声训练，都是比较困难的事情。因为发声活动不像那些看得见、摸得着的艺术技能，气息在体内的运动轨迹与方式、呼吸肌肉群的运动方式、声带的开与闭、后口腔的打开程度、舌头在口腔内部的活动状况，以及体内与发声相关的各种肌肉的松与紧，很多时候是看不见的。我们一直秉持和谐发声理念，认为语言艺术发声是一项系统性很强的复杂劳动，是发声系统内外要素和谐运动的结果，详见拙著《语言艺术发声研究》（科学出版社，2013 年）。

艺术发声教与学的艰难性，还在于每个人的发声体验因发声观念、认知水平、审美情趣、生理条件、发声心理及发声习惯等诸多因素而出现各种差异，不同的教师对发声的认识、体验、教学方法也存在差别，往往出现不同发声教师对同一个问题的说法迥异的现象。学生对发声理论和方法的理解，对发声训练持之以恒的决心与毅力都会对他们的发声训练成效有很大的影响。尽管教师在课堂教学中是起主导作用的因素，但是学生才是提升学习效率的内因。学生只有具备了良好的悟性、强劲的学习内在驱动力，加上持之以恒的、大运动量的、系统科学的训练，才能真正掌握科学的发声方法。

国际上通常认为，高等教育毛入学率在15%以下时属于精英教育阶段，15%～50%为高等教育大众化阶段，50%以上为高等教育普及化阶段。2002年，我国高等教育毛入学率达到15%，成功跨过高等教育精英教育阶段，进入大众化阶段。2019年，我国高等教育毛入学率达到51%，宣告我国高等教育普及化时代的到来。2024年3月9日，教育部部长怀进鹏在十四届全国人大二次会议民生主题记者会上指出，2023年底，我国高等教育毛入学率超过60%，规模已居世界第一。

我国高等教育形势的这一巨大转变，反映在播音与主持专业，在多数学校尤其是民办高校，呈现出学生数量大量增加，班级学生数额已经逾越了过去精英教育时8～15人的限制，甚至有的班级已经超过30人。而播音与主持专业是一个实践性很强的专业，如何在专业小课的教学过程中提高教学效率，已经成了一个摆在大学和教师面前的重要课题。在这种背景下，播音与主持发声课程的教学目标、教学内容、教学模式、教学方法、教学手段应该发生怎样的转变，值得深入探讨。

同时，随着播音与主持专业办学规模的扩大，各开设播音与主持专业的高校近年来大量吸纳了年轻教师，年轻教师的培养问题，尤其是年轻教师的自我培养，也成为一个迫切需要解决的问题。关于播音与主持专业教师的培养，包括青年教师的自我培养，四川师范大学影视与传媒学院在播音与主持艺术方向硕士生的教学能力培养中，采用的“实践上向播音艺术家看齐，科研上向优秀学者看齐，教学上向教学名师看齐”的“三看齐”理念，可资借鉴。播音与主持发声教师也可以从实践、教学和科研三方面，提升自己的专业水平，从而提高教学质量。

加强对教学的研究，包括教学内容与教学方法的研究，是青年教师自我培养的一个重要途径。在教学之余，勤于思索、积累、总结，是青年教师快速成长的一种良好习惯。实际上，吕凯老师这本书，也是他从学习播音发声到从事播音发声教学多年来积累的结晶。该书理论讲解简洁，训练材料有针对性，且比较丰富，实用性较强。

也许，这本书理论上还有些稚嫩，还有需要完善的地方，但是，吕凯老师这种探索的勇气值得肯定。祝愿吕凯老师今后能为中国播音学的学科建设和人才培养贡献更多力量。

四川师范大学影视与传媒学院
杨小锋
2024年8月于成都东郊狮子山

（注：杨小锋，四川师范大学影视与传媒学院教授、播音与主持艺术方向硕士生导师。学院第一届党委委员、学位委员会主任委员，广播电视专业硕士点负责人。教育部全国广播影视职业教育教学指导委员会委员，国家级普通话水平测试员。中国电视艺术家协会主持人专业委员会委员，中国语文现代化学会会员，四川省诵读艺术学会副会长，四川省语言学会会员，成都传媒集团播音员主持人职称评审委员会委员。两次获得四川省语言文字工作先进个人称号，获得四川师范大学“现代园丁奖”，两次获评四川师范大学“优秀教务管理人员”。）

前　言

在当今这个信息爆炸的时代，有声语言表达已成为传递信息、交流思想的重要工具。无论是广播电视节目，还是日常生活中的沟通交流，清晰、准确、有感染力的有声语言表达都显得至关重要。然而，要想做到这一点，并非易事。很多人在表达时，或是声音干涩无力，或是音质浑浊不清，甚至有些人因为不正确的发声方式而导致声带受损。这些问题的根源，往往在于没有掌握科学的发声方法。

科学发声，顾名思义，就是基于人体发声原理和语音学原理，通过科学的方法和技巧来发声。它不仅仅是简单地提高音量或是改变音色，更是一个涉及口腔、喉部、呼吸、共鸣等多方面的综合性工程。科学发声能够帮助我们更加高效、准确地传递信息，同时也能够保护我们的发声器官，避免不必要的损伤。

在本书中，将深入探讨科学发声的方方面面。首先，从基础的呼吸控制讲起。呼吸是发声的动力源泉，掌握正确的呼吸方法，能够使我们的声音更加稳定、有力。通过腹式呼吸等技巧的训练，可以学会如何调控气息，为科学发声打下坚实的基础。接下来，探讨口腔的控制。口腔是声音的共鸣腔之一，同时也是咬字发音的主要部位。通过训练唇舌的灵活性和力度，可以更加清晰地发出每一个音节，使语言更加流畅自然。此外，喉部的放松与控制也是科学发声中不可或缺的一环。很多人发声时喉部过于紧张，导致声音干涩、不自然。本书将介绍如何通过简单的练习，让喉部肌肉得到放松，从而发出更加自然、悦耳的声音。共鸣控制，是科学发声中的高级技巧。通过合理地利用胸腔、喉腔、口腔等共鸣腔，可以让声音更加洪亮、饱满。这不仅需要了解共鸣的原理，更需要通过大量的实践来掌握这些技巧。

当然，除了以上提到的几个方面，科学发声还包括了音质、音色、音量的控制，以及情感的表达等多个方面。这些都是在本书中将要深入探讨的内容。或许有人会说，科学发声是不是只适用于专业的播音员、主持人或歌手呢？其实不然。科学发声是每一个人都应该掌握的基本技能。无论是在公众场合发言，还是在日常生活中与人交流，科学发声都能帮助我们更好地表达自己，增强语言的感染力和说服力。

在编写这本书的过程中，我力求内容的清晰、准确与有深度。通过通俗易懂的语言和丰富的实例，希望能够帮助读者建立起对科学发声的全面认识，并掌握相应的技巧。无论你是播音与主持专业的学生，还是对有声语言表达有更高要求的普通人，我相信这本书都能够为你提供有益的指导。

理论学习固然重要，但实践才是检验真理的唯一标准。我鼓励读者在阅读本书的同时，积极地进行发声练习，通过不断地实践来提升自己的有声语言表达能力。

最后要强调的是，科学发声不仅仅是一种技能，更是一种对声音艺术的追求和尊重。每一个人的声音都是独一无二的，通过科学发声的训练，可以更好地挖掘自己的声音潜力，让语言成为传递思想、表达情感的有力工具。

在这个充满竞争与挑战的时代，让我们共同探索声音的奥秘，用科学发声的方法，为自己赢得更多的机会与可能。

当你翻开这本书的时候，或许你对有声语言表达还一知半解，对科学发声还充满疑惑。但当你读完这本书，并进行相应的练习之后，我相信你会对科学发声有一个全新的认识，你的有声语言表达也会有一个质的飞跃。

本书的编写旨在为读者提供全面、系统的有声语言表达和发声基础知识。从基本概念到技能，力求为读者展现一个清晰、完整的学习路径。同时，本书也融合了理论与实践，使读者能够在学习中不断实践，从而更好地掌握有声语言表达的精髓。

这本书的价值不仅在于其丰富的内容，更在于它对有声语言表达和发声基础领域的贡献。我相信，通过学习本书，读者将能够更自信、更专业地进行有声语言表达，在各个领域都能发挥出更大的潜力。

在编写本书的过程中，我深感有声语言表达的魅力和挑战，每一个细节、每一个技巧都需要经过深思熟虑和实践验证。虽然我已经尽力做到最好，但书中难免还存在不足之处。我衷心希望读者能够给予反馈，以便在未来能更好地完善本书。

此外，我要特别感谢成都艺术职业大学对本书出版的支持和帮助，感谢学校为我提供了一个良好的创作环境。

有声语言表达，是我们与外界沟通交流的重要桥梁。而科学发声，则是这座桥梁的坚实基石。我希望通过这本书，能够帮助你建立起这座通往成功与自信的桥梁。无论你的梦想是成为一名优秀的播音员、主持人，还是希望在日常生活中更加自信地表达自己，我始终相信，科学发声将是你实现梦想的关键一步。

在未来的日子里，愿你的声音如春风拂面，如清泉流淌，传递出你的思想、你的情感，也传递出你的魅力与自信。让我们一起用科学发声的方法，让世界听到你的声音，感受你的力量。

让我们一起踏上这段探索声音的奇妙旅程吧！

吕　凯

二〇二四年五月

于成都南郊牧马山

扫码关注

随时答疑

目　录

第一章

有声语言表达与播音

有声语言表达与播音，作为两个既相互联系又各具特色的概念，共同构成了声音传播领域的重要组成部分。接下来，我们将对这两个概念进行详尽的阐释与探讨。

第一节 有声语言表达艺术

一、有声语言表达艺术的定义

有声语言表达艺术指的是借助声音这一媒介，将信息以能被人类感知、解读的方式传递出去的语言艺术形式。这种表达手段是人类社会交流中不可或缺的要素，它依赖人类的发声器官，通过声音的发出与语言的组织，有效地传达出特定的意义。

二、有声语言表达艺术的特点

（1）声音的多样性是有声语言表达艺术值得关注的特点。由于不同的语言系统拥有独特的发音规则、语调和语法结构，有声语言表达艺术因而展现出丰富多彩的形态。这种多样性不仅丰富了语言的表达层次，也使得声音传播更具魅力。

（2）可理解性是有声语言表达艺术的核心特点之一。为了让信息能够准确无误地传递并被接收者所理解，有声语言表达必须遵循一定的语言规范，确保信息的清晰度和准确性。这是其作为交流工具的基本前提和关键所在。

（3）互动性在有声语言表达艺术中占据着重要的地位。有声语言表达的艺术化创作中不乏对话、提问等交流方式（有时一首短短的古诗词也是人与情的交流和沟通），有声语言表达能够实现双方（人与人、人与情）的实时互动，促进信息的双向流通。这种互动性不仅增强了交流的灵活性和趣味性，也使得声音传播更加生动和真实。

三、有声语言表达艺术的应用

有声语言表达艺术广泛应用于多个领域。在文学作品中，它通过对话和独白的形式，赋予人物鲜活的生命力和情感色彩；在影视作品中，对白和旁白成为塑造人物性格、推动情节发展的关键元素；而在广播和演讲场合，有声语言表达则承担着传递信息、阐述观点的重要任务。可以说，有声语言表达在各个领域都发挥着举足轻重的作用，成为人类社会中不可或缺的交流工具。

第二节 播音

一、播音的定义

播音被定义为专属于大众新闻与信息传播领域的一种艺术化声音表现形式，其核心在于通过声音来精准传递信息和情感（这里应包含舆论）。作为广播、电视等现代媒介的支柱内容，它要求从业者，即播音员，具备优秀的语言表达技巧和声音掌控能力，从而能够以清晰、准确且流畅的方式传达信息和声音。

二、播音的特点

（1）播音具有专业性。播音工作不仅要求播音员具备深厚的语言表达功底，更需要他们能够根据具体的语境和需求，灵活地调整自己的语调、语速和语气。这种高度的专业性，来源于播音员扎实的语言基础和出色的声音控制力，也是他们区别于其他声音工作者的关键所在。

（2）艺术性也是播音不可或缺的特点。播音并非简单地传递信息，更重要的是在播报新闻、叙述故事等过程中，融入必要的情感和人文关怀。这就要求播音员不仅要有扎实的文化素养，还需具备优秀的情感表达能力，以确保在传递信息的同时，也能准确地表达出相应的情感色彩。

（3）播音员在工作中还需展现出卓越的团队合作精神。在节目的制作和播出过程中，播音员需要与编导、技术人员等多方紧密协作，共同确保节目的顺利进行。这种对团队合作的高要求，也体现了播音工作的复杂性和多面性。

三、播音的应用

播音被广泛应用于广播、电视、网络等各类媒介中，涉及新闻播报、节目主持、广告宣传等多个领域。播音员通过声音和语言的巧妙运用，不仅有效地传递了信息，更在无形中引导着公众的思想观念、文化价值和社会责任。例如，在新闻播报中，播音员通过准确、客观的信息传递，帮助公众了解时事动态；在节目主持中，主持人则通过调动现场气氛和引导节目进程，为观众带来轻松愉快的视听体验；而在广告宣传中，播音员更是通过富有感染力的声音和语言来吸引观众的注意力并传递广告信息。

总结：

播音作为专属于大众新闻与信息传播领域的一种艺术化声音表现形式，在人类交流中发挥着举足轻重的作用。它不仅是一种信息传递的工具，更是情感表达、文化传承和社会责任引导的重要载体。

第三节 有声语言表达艺术发声与播音发声的联系

在探讨有声语言表达艺术发声与播音发声的相互关系时，可以清晰地观察到两者在多个维度上存在显著的一致性。

（1）声音的规范性。在有声语言表达和播音领域，声音的规范性被视为一项基本要求。这意味着，无论是进行有声语言的艺术化表达还是播音，都必须确保发音的准确性和吐字的清晰度。这一规范性的要求源于信息传递的需要，因为在这些领域中，声音是传递信息的主要媒介。特别是在播音领域，这种规范性显得尤为重要，因为它直接关系到信息传递的准确性和广播节目的专业性。换句话说，规范性是确保信息能够准确无误地传递给听众的关键。

（2）声音的美感在有声语言表达艺术和播音中都占据着举足轻重的地位。在有声语言的艺术化表达中，富有感染力的声音能够更好地传达情感和讲述故事，使听众能够更深入地理解和感受所表达的内容。同样，在播音领域，悦耳的声音能够吸引听众的注意力，提升节目的收听率。因此，两者都需要通过对声音的精细控制和调节，以创造出令人愉悦的听觉体验。这种对声音美感的追求，体现了有声语言表达艺术及播音在艺术性和审美性方面的共同追求。

（3）声音的适应性也是有声语言表达艺术和播音所共有的特性。在进行有声语言表达艺术创作或播音时，需要根据不同的内容和情境来调整声音的表现方式。例如，在讲述一个悲伤的故事时，声音可能会变得低沉而缓慢，以营造出相应的氛围和情感；而在播报一则喜讯时，如播报我国社会主义现代化建设取得的丰硕成果时，声音则可能会变得明快而高亢，以传递出喜悦和兴奋的情绪。这种对声音的灵活运用和适应能力，显示了有声语言表达和播音在传达情感及信息方面的专业素养。当然，不同体裁风格的有声语言表达在声音形式的控制上有着不同的要求，这个方面在这里不再赘述。

（4）声音的表现力在有声语言表达艺术和播音中都扮演着至关重要的角色。在有声语言表达中，通过声音的抑扬顿挫、轻重缓急等技巧，可以生动地展现情感和故事的发展过程，使听众能够更好地理解和感受所表达的内容。同样，在播音中，通过声音的变化来突出新闻的重点、传递不同的信息，也是提升播音效果的关键手段。这种对声音表现力的重视和运用，体现了有声语言表达和播音在信息传递、艺术表现方面的专业素养与追求。

（5）专业训练在有声语言的艺术化表达和播音中都具有重要作用。对于有声语言表达者和播音员来说，接受专业训练是必不可少的。通过专业训练，他们可以学会如何更好地控制自己的声音，提高发音的准确性，增强声音的表现力等。这种训练不仅有助于提升他们在各自领域的专业素养和表现能力，还能确保他们在面对不同情境和需求时能够灵活应对并发挥出最佳水平。

总结：

有声语言表达艺术发声与播音发声在声音的规范性、美感、适应性、表现力和专业训练等方面都存在显著的一致性。这些共同点不仅揭示了两者在声音运用和控制上的相似追求与目标，也体现了它们在信息传递和艺术表现方面的专业素养与共同追求。

第二章

有声语言表达发声基础概述

第一节 有声语言表达发声的重要性

有声语言表达从业者，特别是电台播音员，其职业特性决定了他们主要通过声音进行信息传播和交流。在此过程中，有声语言不仅是传递信息的媒介，更是有声语言表达艺术创作的关键要素。对于他们而言，声音的质量和艺术性至关重要，这就要求他们不仅要客观地评价和认识自己的声音特质，更要通过科学的方法和技巧来锻炼、提升声音的表现力。

发声技巧是有声语言表达工作的基石，它直接影响到表达艺术的整体效果和传播质量。不正确的发声方法可能会对其职业生涯产生负面影响，甚至缩短其有声语言艺术创作的寿命。因此，必须以科学的发声理论为指导，通过持续的实践、磨炼，熟练掌握和运用发声技巧。

与日常生活中的口语交流和其他艺术语言发声相比，有声语言表达艺术的发声因其特定的声音传递方式、语言交流模式、播讲者身份及受众的审美期待而具有独特的特点。自然音域的使用、中声区的偏好及音色的明朗与干净，共同构成有声语言表达艺术发声的独特风格和要求。

第二节 有声语言表达艺术的声音要求

在有声语言表达艺术中，对声音的要求是多方面的，但可以概括为五大核心要素：准确性、清晰度、圆润度、集中性、流畅性。这些要素共同构成专业播音与主持声音质量的基础。

一、准确性

声音的准确性是指字音的规范与正确。它要求播音员和主持人必须严格遵循普通话的语音规律，确保每个音节的发音都符合标准。例如声母“j，q，x”，绝不能发成带有尖音的“jei，chei，shei”；又如“破坏”的“破”字，在普通话中不能与“e”拼合，因此不能读作“pe”。这种准确性是有声语言表达的基石。

二、清晰度

清晰度是指字音发音的明晰程度。在有声语言表达中，清晰度尤为重要，因为它直接关系到信息的传递效果。例如声母如“z，c，s，zh，ch，sh”等，若发音部位不准确，可能会产生杂音，影响听众的接收效果。因此，提高发音清晰度是确保信息有效传递的关键。

三、圆润度

圆润度是指声音的悦耳程度，即“腔圆”。这要求播音员和主持人在发声时，能够充分利用共鸣，使声音听起来更加悦耳动听。这是有声语言表达中的一种审美追求，也是提升声音艺术表现力的关键。

四、集中性

声音的集中性是指声音能量的聚焦程度。集中的声音更易于引起听众的注意，也更容易打动人心。在录音或直播环境中，集中的声音能够更有效地被话筒捕捉，从而提高声音的传输效率和质量。

五、流畅性

流畅性强调的是声音在语流中的连贯性和自如度。在有声语言表达中，每一个字音和音节都应该自然地融入语流中，而不是孤立存在。这要求在发音时，必须保持灵活自如，确保语流的轻快流畅。

此外，对于有声语言表达的生理基础，也需有深入的理解。声音的产生源于肺部的气流通过声带产生的振动，这些振动经过咽腔、口腔等语音器官的节制和调节，形成了丰富的音节和发出各种声音。口腔内的各个部分，如唇、舌、齿、龈、腭等，都在这个过程中发挥着重要的作用。特别是唇和舌，它们在形成字音的过程中动作最为积极，对声音的塑造起着至关重要的作用。

总结：

准确性、清晰度、圆润度、集中性、流畅性是有声语言表达艺术对声音的基本要求。这些要求不仅体现了有声语言表达艺术创作的技术标准，也反映了有声语言表达艺术的审美追求。作为有声语言表达艺术领域的学生或从业者，应该通过不断地练习和磨砺，努力提升自己的声音质量，以满足这些要求，为受众带来更加优质的有声语言表达作品。

第三节 有声语言表达发声的基石及特点

一、发声的生理学基础

发声涉及多个器官和系统的协同作用，主要包括以下三大系统：

动力系统：由肺部、气管、胸廓、膈肌及腹肌等构成。这一系统主要为发声提供所需的气流和动力，是声音产生的源泉。

声源系统：核心组成部分为喉部和声带。当气流通过声门时，声带振动产生声音，是声音的初始源头。

成音系统：也称为共鸣系统，涵盖喉腔、咽腔、口腔、鼻腔（位于喉部以上）及胸腔（位于喉部以下）。这些共鸣腔体对声音进行修饰和放大，赋予声音特定的色彩和响度。

二、发声的物理学要素

声音作为一种物理现象，具有以下几个基本属性。

音高：代表声音的高低，其高低程度是由声波的频率所决定的。高频声波产生的声音音调高，而低频声波则音调低。

音强：反映声音的强弱，它是由声波的振幅所决定的。振幅大，声音强；振幅小，声音弱。

音长：表示声音持续的时间长短，它取决于声源振动的持续时间。振动时间长，音长则长；反之，则短。

音色：指声音的特色或品质，由声波的复杂成分决定，包括基频和多个谐波的组合方式。

三、发声的心理学基础

有声语言传播是信息的“编码—发送—传输—接收—解码”的信息循环交流过程，这一过程涉及“心理—生理—物理—生理—心理”的一系列反应。[①]有声语言表达艺术中的发声，不仅是一个物理和生理过程，更涉及心理层面的复杂活动。发声时，听觉机制捕捉到的声音信息会通过神经系统传递至大脑，进而引发一系列的心理反应和感知。这种心理感知过程对于创作主体来说至关重要，因为它直接影响到他们如何调控自己的发声，以达到预期的表达效果。

四、有声语言表达发声的特点

有声语言表达艺术发音吐字的综合感觉应该是：声音像一条弹性的带子，下端从下腹拉出，垂直向上，至口咽腔，沿上腭中纵线前行，受口腔的节制，形成字音，字音好像被“吸着”而“挂”在硬腭前部，由上门齿处弹出，流动向前。

---

① 姚喜双. 播音学概论. 北京：北京广播学院出版社，1998：14.

第四节 有声语言表达艺术发声的训练原则——以“目的”和“情感”为导向

在探讨有声语言表达艺术发声的训练原则时，不得不提及其核心导向——“目的”与“情感”。这两个要素在整个训练过程中占据着举足轻重的地位，是提升有声语言表达艺术水平的关键所在。

所谓“目的”，主要是指语言的目的性。发声训练并非孤立存在，而是服务于有声语言表达艺术化创作的一个重要环节。换言之，学会并练好发声，其终极目的是能够更加从容、自如地进行有声语言的艺术创作。以国家通用语言为媒介，通过声音传递信息、表达情感，这不仅是艺术从业者的共识，也符合当今时代发展的必然趋势。

举个例子，一位优秀的朗诵艺术家，在准备朗诵一篇诗歌之前，必须首先明确自己的语言目的：是要传达诗歌的深邃意境，还是要表现作者的特定情感？只有明确了这一点，他才能有针对性地调整自己的发声方式和技巧，从而更好地实现艺术效果。

所谓“情感”，指的是承载声音的语言所蕴含的思想感情。声音不仅仅是物理现象，更是情感的载体。每一句话、每一个字，都蕴含着说话人的情绪和态度。在有声语言表达艺术中，情感是声音的灵魂，它使得声音更加生动、富有感染力。因此在发声训练中，必须注重情感的培养和表达。

举例来说，播音员在播报新闻时，不仅要准确无误地传递信息，更要通过声音的抑扬顿挫、轻重缓急来传达出新闻背后的情感色彩，以此发挥语言艺术的魅力，体现出广播电视对人民群众的吸引力和感召力。

总结：

“目的”和“情感”在有声语言表达艺术发声的训练中起着至关重要的指导作用。它们相互关联、相互影响，共同构成了发声训练的两大支柱。在训练过程中，必须时刻牢记这两点，并结合声音的作用和目的进行有针对性的练习。唯有如此，才能达到发声训练的最终目标——提升有声语言表达艺术的层次和水平。

第三章

呼吸——声音之源

第一节 气息及其控制能力的重要意义

一、气息的重要意义

在声音产生的复杂机制中，气息被公认为是声音的源泉。

从动力学角度分析，气息在发声过程中充当了原动力的角色。声音的产生，本质上是由气流通过声带引发其振动的过程。在这一过程中，气息为声带提供了必要的驱动力，促使其进行有规律的振动，进而产生声音。缺乏气息的支持，声带无法获得足够的动力进行振动，因此声音的产生成为不可能。

从声音品质的角度看，气息的稳定性和控制力对声音的质量及持久性具有决定性影响。当气息流动不稳定或控制不当时，声带的振动会受到影响，导致声音出现不稳定的抖动、断裂或音质下降。反之，若气息控制得当，声音则会展现出更高的稳定性和清晰度，同时持续时间也会相应延长。

从物理传播的角度来看，气息在声音的传播过程中也发挥着重要作用。研究表明，气息的密度与声波的传播能力成正比。这意味着，气息越密集，声波传播的范围越广、效率越高。因此，在声音的传播机制中，气息同样占据着不可或缺的地位。

从情感表达的角度出发，气息的运用与情感的传递密切相关。不同的气息状态能够传达出截然不同的情感色彩，如平静、激动、紧张等。这种情感的传递不仅丰富了语言的内涵，也使得声音成为一种强大的情感表达工具。因此，掌握气息的控制技巧对于准确而生动地表达情感至关重要。

气息在声音的产生、品质、传播及情感表达等方面均发挥着核心作用，播音界“气乃声之源”的论断恰如其分。

二、气息控制的重要意义

气息控制能力的强弱对播音员和主持人来说十分重要。人们日常的呼吸比较平稳，比较浅。由于播音的气息变化很多，日常呼吸是远远不能满足播音工作需要的，播音员和主持人必须通过学习锻炼，掌握科学的呼吸方法，不断提高自己的气息控制能力。

第二节 有声语言表达艺术对气息的要求

在有声语言表达艺术中，对气息的要求表现为稳劲、节省、持久、自如与协调。简而言之，就是要求能够熟练运用胸腹联合式呼吸法来调控气息，确保其流畅、均衡且深浅适度，同时能自如运用。有声语言的表达主要是在呼气过程中实现的，因此我们并不特别强调进气量的大小，而更看重呼气的控制能力，包括以不同的速度、密度和均匀度呼出气流。

人体的呼吸器官由呼吸道、肺、胸廓及相关的肌肉（如横膈膜和腹部肌肉）构成。通常，呼吸方法可分为胸式呼吸法、腹式呼吸法及胸腹联合式呼吸法三大类。

胸式呼吸法的进气相对较浅且量少，而腹式呼吸法虽能深入吸气，但进气量仍显不足。相较之下，胸腹联合式呼吸法通过胸腔横膈膜与腹部肌肉的协同作用，不仅增大了胸腔的周围径，还扩展了其上下径，从而能吸入更多的气息，提供更大的气息容量。此外，该方法通过稳定维持两肋与横膈膜的张力，以及利用小腹的收缩力，形成了一种均衡的对抗，进而为声音提供了有力的支撑。这种呼吸方式不仅易于掌控，还具有很强的声音操控与支撑能力。

在中华民族声乐、戏剧及曲艺等艺术表演中，所提及的“丹田气”实质上就是胸腹联合式呼吸法。在播音发声领域，这也是应当被采纳的呼吸方法。

第三节 胸腹联合式呼吸法

胸腹联合式呼吸法的总体感觉为：随着口鼻同时吸入气流，两肋向两侧扩展，同时腰带感觉逐渐紧绷，小腹的控制力逐渐增强。在呼气过程中，应保持腹肌的收缩感，以制约膈肌和两肋的回弹。随着气流的缓慢呼出，小腹逐渐放松，但在呼气结束时仍需保持一定的控制感。在此控制下，膈肌和两肋逐渐恢复至自然状态。

一、吸气的要领

有控制的胸腹联合呼吸的建立，应首先从吸气的练习开始。在吸气过程中，要调动胸廓的吸气肌肉（膈肌和腹肌）积极运动，使之参与控制，并有效地扩大胸腔的容积，增加自身吸气量。吸气的基本要领如下：

1. 吸入肺底

无声地吸气，采用口鼻同时进气，找到吸到肺底的感觉，引导气息通达体内深部，使膈肌明显收缩下降，有效地增加进气量。

2. 两肋打开

吸气时，应在肩胸放松的情况下使下肋得到较充分的扩展，此时，膈肌与胸廓的运动产生联系。一般感觉两肋的打开，以左右的平衡运动为主，尤其后腰部（腰肌）感觉较为明显，有外展扩张趋势。

3. 腹壁“站定”

吸气时，在胸部扩张的同时，应使腹部肌肉向小腹“丹田”[①]位置收缩，有紧绷

① 传统上，丹田被认为是一个位于脐下小腹部的能量中心。具体来说，它通常被定位在脐下三寸的位置，也就是关元穴所在之处。这个位置处于人体的黄金分割线上，不仅有助于身体的平衡，还被认为是储存和调控生命能量的重要区域。

感[①]，上腹壁保持不凸不凹的状态。[②]

以上提到的三条要领是胸腹联合式呼吸一次吸气动作的分解，实际上它们在吸气过程中是“同步”进行的。所以在分解体会的基础上，还应获取综合感觉，以建立胸和腹在吸气过程中的相互联系。

二、呼气的要领

有声语言是在呼气的过程中，由于呼出气流通过气管到达声带，振动声带发出喉原音，经过口腔的“雕琢工序”形成的，因此对呼气的控制是整个呼吸控制乃至形成语音训练的重点。

呼气练习应着重把握三个核心环节：首先，实现呼出气流的稳定性与力度；其次，增强呼出气流的持续性；最后，熟练掌握调节呼出气流的技巧，以确保呼吸的自如运用。

1. 稳定性与力度

呼出气流的稳定性与力度是通过呼吸相关肌群的协同作用而实现的，为了更好地理解这一机制，可以将胸腔类比为一个气球，喉部则视作气球的进出口。当气球充气后：

（1）若瞬间释放，球内空气会因球皮的回弹力而不规则地迅速排出。这类似于日常生活中的自然呼气，当吸气肌群放松时，胸廓会迅速回缩，导致体内空气迅速排出。

（2）若通过手指限制气球的出气口，气流会受到显著限制，从而变得更为规律和均匀。然而，在人体中，缩小出气口相当于收紧喉部，这会增加发声过程中的喉部负担，可能导致发声器官的过度损耗和声音的紧张僵硬。因此，尽管这种方法有效，但并不推荐采用。发声时颈部变粗、颈静脉怒张等现象便与这种不恰当的呼气控制有关。

---

① 在胸腹联合式呼吸的过程中，为了维持气息的稳定和有力，丹田区域会保持在一种紧绷的状态。这种感觉就像是丹田被紧紧地绷住，以确保气息不会轻易泄漏。

② 当横膈膜下降时，丹田区域会有一种被拉伸、扩张的感觉；而当横膈膜上升时，丹田区域则会有一种收缩、紧绷的感觉。这种协同作用使得呼吸更加深沉、有力。

（3）在气球模型中，不束缚出气口而实现规律放气似乎是不可能的，因为气球仅具有向内的弹力。然而，在人体中，这却是可以实现的。即在呼气时仍适度保持吸气的感觉，通过吸气肌群的力量来对抗呼气肌群的力量，形成一种“拮抗”状态，从而使呼气变得更为规律和均匀，达到稳定而有力的呼气控制目的。

2. 持续性

呼气的持续性体现在两个方面：一是能够在一口气内维持较长时间并发出多个音节；二是能够长时间保持良好的呼吸状态。这两点对于有声语言表达至关重要。

要提高呼气的持续性，除了积极锻炼外，关键在于节省呼出气流。具体的节省方法归纳起来有以下三点：

（1）优先使用偏实的中音区域。科学分析表明，在使用低音（尤其是虚弱的低音）时，由于声带松弛并存在间隙，耗气量最大。而在使用高音（尤其是高强音）时，声带紧张且闭合紧密，耗气量减半。相比之下，在使用偏实的中音时，声带张力和气息压力适中，耗气量再次减半。因此，从低音到偏实中音再到高音的用气量之比大约为4:2:1。

（2）吞”与“吐”的结合运用。“吞”和“吐”是控制呼气发声的两种不同意识。“吞”是指在呼气过程中吸气肌群发挥最大作用与呼气力量形成抗衡，从而减少呼气量；“吐”则是呼气力量明显大于吸气力量导致呼气量增加。从节省气息的角度来看，“吞”的方式更为适宜。然而，考虑到人体的自然运动规律和习惯及声音色彩、感情表达的需要，提倡“吞”“吐”结合使用，这样既有利于表达，也能节省气息。由于人们通常更习惯于使用“吐”的自然方式，因此需要有意识地练习“吞”的方式。

（3）增强唇舌的力度。在发音过程中唇的开闭和舌的升降都会不同程度地节制呼出的气流，因此增强唇舌的力度也有助于节省气息。

上述偏实中音的使用、“吞”与“吐”的结合运用及唇舌力度的增强，都是基本技能的训练，可以独立进行，但在实际应用中需要综合控制。

3. 变化性

语言的表现力主要依赖于声音色彩的变化实现，而这一变化又在很大程度上取决于富有变化的气息运动。因此，在掌握了稳定、持续呼吸控制能力的基础上，还需要进一步学习如何根据内容和情感的变化来调整呼吸。

“气随情动”，情感的运动是自动调节呼吸的核心要领。播讲者必须对自己要讲述的内容有深入的理解，并真切地感受其中的情感使心理活跃起来。如果情感不投入，则必然导致呼吸僵硬，影响声音色彩的变化。利用情感来调节呼吸是呼吸控制的高级阶段，在训练过程中只有通过长期有意识地练习，熟练掌握胸腹联合式呼吸的基本技巧，才能获得自然且富于变化的呼吸感觉。

随着审美观念的变化，越来越多的人追求亲切自然的声音，这就要求应正确把握呼吸的弱控制状态。需要明确的是，强控制是弱控制的基础，而弱控制则是一种更为精细的控制，它与纯粹的自然低能状态有本质的区别。

三、换气的要领

气息只有在使用过程中得到及时不断的补充，才能持久地发挥动力作用。换气必须注意以下几点：

1. 句首换气

除了句中的气息补充之外，全句表达要结束后都需另行换气，此时需注意不要马上进气，而是在下句开始前进气，否则会破坏句子间的感情转换，并给人以急促感。当然，有声语言表达中如若表达“急”的感情色彩时，则另当别论。

2. 换气到位

换气时“丹田”及下肋的感觉可以时大时小，而不能时有时无，不能因换气而改变呼吸方式。

3. 换了就用

吸气后要马上使用，非感情需要不要作较长停顿，否则体内感觉消失，力量也就随之松懈了。

4. 留有余地

吸气是呼吸控制中的重要环节，其量的把握需精准而适度。通常认为，吸气量并非越大越好，而应根据实际需求进行合理调节。在一般情况下，将吸气量控制在“七八分满”即可满足大多数发声需求。过度吸气不仅无法提升发声效果，反而可能导致身体出现僵持现象，进而影响声音的流畅度与自然性。

在气息运用过程中，应具备一定的储存策略，也就是说，要掌握“战略性”地分配与利用气息的方法。即便在需要换气之际，体内亦应保留一部分余气，以作为后续发声的“能量储备”。

倘若在气息完全耗尽后再进行吸气，其产生的声音效果则恐将大打折扣，甚至可能给听众以声嘶力竭之感，这显然有悖于声音美学的追求。因此，在发声过程中，合理储存与运用气息，对于有声语言表达来说，是一项至关重要的技能。这不仅关乎声音的连贯性与稳定性，更能在一定程度上提升声音的质感与感染力，从而使其更具艺术价值。

5. 无声吸气

用声时，小腹保持控制状态，胸腔形成一个有弹性的橡皮球，这样气息一有欠缺，便会在语言的顿挫中，得以“自动”及时无声地补充。前面提及的口鼻同时进气，是无声吸气的不二方法。

播讲时多为快吸慢呼，因此保持上述状态并学会偷气和抢气是十分重要的。补得及时才会用得从容。在播讲中，气息的补换是利用语言的停顿进行的。补换的方法可以归纳为以下 3 种。

1）偷气

偷气是最常用的补气方式。偷气指的是以极其隐蔽的方式，在极短的时间内无声地迅速吸气，这一技巧常用于需要少量补气或紧凑句子间的快速换气。在句子当中或紧凑句子的句首，偷气技巧能够确保发声的连贯性和流畅性，同时避免明显的换气声打断听众的沉浸感。

在有声语言表达中，偷气技巧的运用十分关键。它要求表达者在不被听众察觉的情况下，快速且准确地补充所需气息，以保持声音的稳定和情感的连贯。通过长期的练习和精细的调整，偷气能够成为提升有声语言表达质量的“法宝”，使表达更加自如、生动。

2）抢气

抢气其实是指在发音过程中，当句子较长、节奏急促或感情强烈时，一种带有吸气声的补气方法，是有声语言表达中可以不顾及有无声音的明抢气口的补气方法。它主要用于在句与句之间或句子中可停顿的地方急速补充气息，是以口部进气为主的快速补气方式。在补气过程中，气息通过声道时会产生较大的摩擦声。抢气一般用于快速表达或连续发音时，且抢气主要是用口吸气，动作需要快速进行。

3）就气

就气是在听觉层面呈现为短暂的停顿，然而此停顿并不伴随实际的吸气行为。相反，它涉及调动体内残余气息进行气息补偿，以维持声音表达的连续性和稳定性。

总结：

句首换气，无声到位，换了就用；句中根据需要少量补气（偷气），两句之间从容换气，句尾保持余气托送。

第四节 呼吸控制的训练

1. 呼吸肌的训练

（1）腹肌的锻炼：① 腹肌爆发力的锻炼；② 腹肌各部分肌肉灵活配合的锻炼；③ 腹肌与呼吸发声主动配合感觉的锻炼。

（2）控制膈肌能力的锻炼：① 膈肌弹发；② 膈肌弹发喊操口令。

2. 胸腹联合式呼吸基本状态的训练

（1）体会日常生活中呼吸肌的运动配合；

（2）以慢吸慢呼方式体会胸腹联合式呼吸控制的基本状态；

（3）延长呼气控制时间的练习。

3. 扩展胸腹联合式呼吸控制能力的训练

（1）慢吸慢呼的训练；

（2）快吸快呼的训练；

（3）快吸慢呼的训练。

4. 呼吸控制运动状态的训练

（1）结合声调训练；

（2）结合绕口令训练；

（3）结合格律诗训练。

5. 换气训练

（1）结合播报名单、新三字经等做换气练习；

（2）新闻性稿件中一些长句子播读时的换气训练。

第五节 训练材料

一、新三字经训练

新三字经[①]

其一

立大志

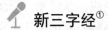

春日暖，秋水长，和风吹，百花香。青少年，有理想，立大志，做栋梁。

天行健，人自强，生我材，为兴邦。倡和谐，民所望，兴道德，国运昌。

惜时间

人之春，在少年，光阴迫，惜时间。生有涯，知无限，苦攻读，莫偷安。

求学路，曲弯弯，路是弓，人是箭。头不回，弦不断，志不渝，永向前。

① 《新三字经》是最新推出的弘扬传统文化、服务和谐社会建设的千字韵文。

大海阔，踏浪尖，高山险，勇登攀。守琴心，抱剑胆，温而厉，恭而安。铁可磨，石可穿，攻必克，胜必谦。

感师恩

我学子，重师礼，感师恩，为人梯。燃红烛，化春泥，呕心血，育桃李。授知识，传道义，人才群，功德碑。

学与思

学与思，琢与磨，知与行，相交错。成于勤，毁于惰，荒于嬉，败于奢。省吾身，思己过，言必行，行必果。败与胜，非天命，得与失，乃互生。

心怀公

勤奋者，功必成，开创者，业必兴。贪逸者，手必空，爬行者，难成龙。图小利，毁名声，贪大财，易丧命。私欲烈，弊丛生，心怀公，百路通。

苦中练

学知识，长本领，崇人文，尚理性。数理化，天下用，文史哲，世理明。学先辈，慰英灵，传家宝，要继承。学女娲，补苍穹，仿后羿，济苍生。思夸父，追光明，效愚公，事竟成。学经典，育华英，出凡俗，入佳境。学中品，品中升，苦中练，练中精。石中玉，木中松，云中鹤，人中龙。

守纪律

知荣辱，习礼仪，不知礼，无以立。遵公德，守纪律，兼相爱，交相利。见人贤，即思齐，仰高洁，弃粗鄙。

从我起

两分法，辨是非，三思行，慎有益。宠思辱，安思危，福思祸，利思义。欲利群，先修己，树新风，从我起。

兴五常

兴五常，正纲纪，处世训，应牢记。仁者爱，民所喜，义者刚，民所宜。礼者雅，民所需，智者明，民所依。信者诚，民所誉，扬正气，振国威。

孝第一

明人伦，孝第一，家道昌，门风立。对长辈，忌无礼，凡出言，用敬语。
虐老人，悖情理，天不容，法不依。父母老，勿嫌弃，若有病，快就医。
勤照料，细护理，寸草心，报春晖。羊跪乳，乌反哺，父母在，儿孙福。

真善美

真善美，是三金，人之根，国之魂。真在情，善在心，美在意，形在神。
雾茫茫，雨纷纷，眼见事，未必真。千里风，万里云，背后语，莫全信。
财试人，火试金，慎褒贬，善恶分。良言出，冬亦温，恶语吐，箭穿心。
道不邪，有知音，德不孤，必有邻。己不欲，勿施人，己欲立，而立人。
博爱心，宜长存，忠恕道，伴终身。毁人者，必自损，玩火者，必自焚。
恶为疾，是孽根，善为宝，乃福音。柔若水，义薄云，人心归，天下顺。

体为本

德智体，是三好，争三好，是目标。德为上，智为高，体为本，风华茂。
登书山，善思考，游艺海，陶情操。莫赌博，勿喧闹，远毒品，斥黄妖。
戒网瘾，防泥沼，陋习俗，应改掉。清肌肤，洁心灵，正衣冠，修其容。
站如松，坐如钟，卧如弓，走如风。听其言，观其行，明其道，计其功。

精气神

精气神，是三宝，克敌弓，不可少。精神力，紫气豪，民族魂，华光照。
男儿品，贵似金，女儿魂，洁如云。能抗争，能沉稳，能高歌，能低吟。
贫不移，富不淫，威不屈，辱不忍。精有源，气无垠，心通道，道通神。
重名节，防微尘，浩然气，贯古今。

重友谊

松竹梅，是三友，岁月寒，不分手。松有志，不倨傲，竹有节，不折腰。
梅有香，不争俏，三结义，品自高。轻私利，重友谊，结善缘，忌猜疑。
遇无礼，莫斗气，求大同，存小异。人至察，无知己，水至清，则无鱼。
传闲言，非儿戏，听谗言，要警惕。闻流言，不唱随，逆耳言，宜听取。

有人缘，群贤聚，无良知，众人离。成人美，济人危，见人险，义勇为。邦有道，助有规，巧为浮，拙为贵。口拙者，无是非，眼拙者，无怨怼。愚在表，智在内，勤补拙，大智慧。

亲自然

天地水，是三元，养万物，亲自然。天道厉，地道严，水性柔，顺而险。慎开发，节能源，播绿色，种福田。芳草地，碧云天，杏花村，桃花源。元气旺，福气添，心神怡，寿延年。天人合，永世安，地球村，乐陶然。

合为贵

正清和，是三经，践行者，事必功。不信邪，曰为正，路不偏，中道行。脚不斜，心不惊，中正者，乐平生。不浑浊，曰为清，阴阳分，泾渭明。欲不贪，情不纵，心清者，人必敬。曰为和，不纷争，和为贵，和则兴。一人力，难经风，百人力，能抗衡。千人力，大无穷，万人力，四海宁。国不和，刀兵起，家不和，骨肉离。人不和，心不齐，志不和，道分歧。社会和，少暴戾，民族和，国之基。将相和，力生威，家庭和，万事吉。港澳台，亲兄弟，同根生，共呼吸。和合力，胜金玉，和生祥，彩云归。

讲礼貌

倡五讲，揭新篇，尊四美，扬新帆。讲文明，忌野蛮，讲礼貌，忌傲慢。讲卫生，忌污染，讲秩序，忌散漫。讲道德，忌空谈，日日新，不间断。心灵美，无邪念，语言美，无脏言。行为美，做典范，环境美，建乐园。

奔大同

我中华，开新纪，倡文明，兴正义。五千年，文化力，传至今，了不起。好传统，莫荒弃，百福临，千祥集。和谐经，警世钟，铭在心，贵在行。和平颂，入太空，和谐曲，咏无终。建小康，求繁荣，兴中华，奔大同。

其二

人之初，如玉璞，性与情，俱可塑，若不教，行乃偏，教之道，德为先。

昔贤母，善教子，孟断机，岳刺字，养不教，亲之过，教不学，儿之错。
玉不琢，不成器，人不学，不知理，为人子，方少时，尊长辈，习礼仪。
能温席，小黄香，爱父母，意深长，能让梨，小孔融，手足谊，记心中。
孝与悌，须继承，长与幼，骨肉亲，亲养儿，多苦辛，报春晖，寸草心。
亲有教，儿恭听，做错事，即改正，亲有过，谏其改，情意切，语和蔼。
家务事，乐担承，洗碗筷，扫门庭，家爱我，我爱家，推此心，爱中华。
晨早起，理容装，齐抖擞，上学堂，朝霞艳，国旗升，凝眸立，添豪情。
新时代，育新人，德智体，美与劳，首德育，倡四有，沁心田，新苗秀。
求知识，甘勤奋，昔苏秦，锥刺股，强体魄，闻鸡舞，矫如龙，健如虎。
诗书画，歌舞曲，辨美丑，分清浊，常劳动，多磨炼，经风雨，见世面。
惜校誉，敬师长，爱好友，守规章，知而行，可成器，全发展，莫偏废。
求学者，贵恒心，磨铁杵，可成针，如囊萤，如映雪，家虽贫，学不辍。
海有边，山有路，学无涯，不停步，人渐长，入社会，我如粟，民如海。
遵法纪，讲公德，勤工作，尽职责，刘少奇，论修养，身作则，人敬仰。
周恩来，济世穷，甘尽瘁，矢为公，朱老总，先士卒，扁担情，世传颂。
乐助人，有雷锋，少索取，多献奉，焦裕禄，好公仆，一身死，万民哭。
人相处，贵诚谦，待人宽，律己严，笃友谊，管与鲍，重道义，择善交。
三人行，有我师，见人善，即思齐，已不欲，勿施人，已欲达，则达人。
见危难，勇相帮，救溺童，司马光，罪与恶，源于贪，种苦果，终自尝。
汉杨震，拒受金，廉洁者，世同钦，爱公物，重公益，胸坦荡，全大局。
阅古今，国与家，成由俭，败由奢，青少年，行莫差，纵私欲，等泥沙。
论人际，应知礼，态度好，语言美，重环保，草芊芊，绿世界，碧云天。
我中华，礼仪邦，讲文明，国运昌，华夏史，似长河，五千年，豪杰多。
炎黄德，尧舜继，禹治水，周制礼，秦始皇，四海一，汉武帝，拓疆域。
唐太宗，贞观治，清康熙，多建树，苏武节，骨铮铮，直谏镜，有魏征。
范仲淹，怀天下，宋包拯，锄横霸，岳家军，复河山，文天祥，寸心丹。
戚家军，倭胆寒，郑成功，复台湾，举先贤，难尽说，如薪火，传不绝。

近百年，列强欺，烧圆明，割我地，我志士，拍案起，反侵略，雪国耻。
林则徐，毁鸦片，三元里，民血战，冲敌舰，邓世昌，试维新，康与梁。
到近代，出伟人，垂史册，立功勋，先行者，孙中山，倡民主，帝制翻。
建共和，扶农工，怀博爱，望大同，毛泽东，闹革命，率工农，奋长缨。
驱日寇，掀三山，新中国，屹东方，总设施，邓小平，拨乱流，反于正。
倡改革，勇开放，龙腾飞，民安康，思往事，心潮涌，明国情，知任重。
我传统，最悠久，根基厚，枝叶茂，孔孟出，儒学立，重教育，说仁义。
老庄起，墨韩兴，曰百家，各争鸣，孙武子，兵法精，传中外，久弥新。
楚屈原，赋离骚，投汨水，品格高，司马迁，撰史记，不掩恶，不虚美。
李太白，诗之仙，一斗酒，诗百篇，杜少陵，诗之圣，民疾苦，寄深情。
苏辛词，关王曲，艺苑花，香馥郁，曰三国，曰西游，曰水浒，曰红楼。
四小说，誉神州，此瑰宝，流传久，鲁迅笔，力千钧，振聋聩，醒民魂。
郭沫若，沈雁冰，文坛上，各峥嵘，我先贤，聪且慧，发明多，功至伟。
造纸针，黑火药，华夏人，首创造，浑天仪，张衡制，圆周率，祖冲之。
精医道，汉华佗，传织机，黄道婆，李时珍，编本草，徐霞客，探险奥。
今科技，高尖精，裂原子，放卫星，研物种，探基因，计算机，妙通神。
加速器，转如电，游太空，光子箭，学术界，聚群英，如天河，闪银星。
华罗庚，孙冶方，钱学森，李四光，好榜样，在前头，勇攀登，上层楼。
文化高，虎添翼，求富强，争朝夕，我疆域，广无垠，黄土地，育斯民。
从昆仑，到海滨，山和水，皆可亲，有五岳，有五岭，或雄峻，或秀挺。
黄河阔，长江长，珠水秀，龙江壮，数宝岛，首台湾，连大陆，情相关。
古长城，气势雄，古运河，帆樯通，都江堰，水患息，丝绸路，联西域。
国境内，多民族，究其数，五十六，百千年，共一家，同携手，建中华。
龙传人，遍海外，赤子情，终不改，观风云，看世界，进则昌，退则败。
好儿女，细思量，读此经，当自强，乘长风，冲天起，振中华，齐努力。

其三[①]

人之初，性未显，潜刚柔，隐恶善。梨味甜，杏味酸，世万物，有先天。
先天性，也可改，重教育，授后天。近朱赤，近墨黑，人能教，性可迁。
昔孟母，择邻处，近学堂，子成贤。德育人，心归正，行有准，为规范。
善聚福，恶惹祸，和生财，怒结怨。信则立，谎易破，义得心，苛众叛。
谦受益，满招损，兼听明，偏信暗。正光荣，邪可耻，勤补拙，懒养馋。
俭促成，奢致败，富施仁，穷思变。后天理，记心间，起步正，毋走偏。
青少年，勿贪玩，奋上进，勇向前。少不学，成何为，学得慢，甩后边。
差一步，误百步，想跟上，作大难。学知识，固重要，明世理，更当先。
德与才，须兼备，品与行，不可偏。无才能，事难成，心不正，起祸端。
学做人，先修德，最要紧，正三观。第一观，人生观，要唯物，重实践。
重科学，谋发展，创伟业，志登天。人生价，在奉献，惜生命，争时间。
不贪生，不轻生，重名节，重贡献。视人格，重于命，讲诚信，立尊严。
忠祖国，爱人民，孝长尊，敬先贤。义同仁，怜幼弱，近君子，远小奸。
读好书，限上网，勤学业，务华年。戒赌毒，防犯罪，学英雄，当模范。
第二观，仕途观，为人民，做清官。执大政，德为首，人为本，民为天。
干部层，似宝塔，民众间，金光闪。为清官，一块砖，甘献身，塔上边。
位高低，一样看，尽其责，不偷闲。求上进，观念正，靠政绩，凭实干。
职位高，责任大，站得高，看得远。站塔顶，更伟大，扛风云，擎九天。
为国家，操碎心，为国强，为民安。为公民，处盛世，享太平，比蜜甜。
官爱民，民拥官，结同心，坚如磐。第三观，金钱观，珍惜财，不可贪。
取有道，用有道，不挥霍，不贪婪。视金钱，如水火，适量好，过量险。
何为适，取应得，用有度，知足安。何为过，取非分，用无度，生邪念。
适得福，过招祸，如火烧，似水淹。富施德，众人盼，共致富，富一片。
富不仁，众人怨，触众怒，生祸患。三观明，立身正，新时代，好青年。

① 张庆奎版。

中年人，擎天柱，国与家，任在肩。忠和孝，忠在先，国强盛，家自安。
当干部，爱群众，利民事，认真办。公生明，廉生威，谨防腐，慎防变。
做工人，精技艺，靠科学，苦研练。搞建设，搞生产，保质量，严把关。
从科技，攻尖端，为和平，促发展。为人类，造幸福，献毕生，沥肝胆。
今种地，免纳粮，新农民，目标远。富自家，强国家，益世界，多外援。
搞经商，促流通，通则活，活即繁。诚信本，仁义利，兴中华，功勋显。
从教育，为师表，慎于行，谨于言。呕心血，育后代，学蜡烛，效春蚕。
为军人，守国门，舍小家，保河山。哪有难，哪里见，国安危，双肩担。
执法者，尽忠勇，如天平，似利剑。两袖清，一身正，维民利，护民权。
行医道，行人道，德高尚，术精湛。益生命，助健康，救死伤，扶危难。
敬事业，爱岗位，须端正，家庭观。上敬老，下爱小，夫妻间，互让虔。
和兄弟，睦亲邻，守公德，行友善。小家安，无牵挂，效祖国，放心干。
众行业，岗不同，车马炮，棋一盘。各司职，保将帅，建和谐，盛空前。
夕阳红，无限美，站好岗，交好班。家务事，渐少管，让晚辈，勤锻炼。
儿和女，同样看，一碗水，要平端。对晚辈，别太严，少责备，多慰勉。
忆往昔，讲峥嵘，好传统，代代传。重起居，多活动，自身健，儿女安。
度量大，心胸宽，容江河，纳山川。自心平，合家欢，以笑脸，迎笑颜。
气舒畅，体康健，得长寿，乐百年。

二、格律诗训练

山居秋暝

王 维

空山新雨后，天气晚来秋。
明月松间照，清泉石上流。
竹喧归浣女，莲动下渔舟。
随意春芳歇，王孙自可留。

使至塞上

王　维

单车欲问边，属国过居延。
征蓬出汉塞，归雁入胡天。
大漠孤烟直，长河落日圆。
萧关逢候骑，都护在燕然。

终南别业

王　维

中岁颇好道，晚家南山陲。
兴来每独往，胜事空自知。
行到水穷处，坐看云起时。
偶然值林叟，谈笑无还期。

观猎

王　维

风劲角弓鸣，将军猎渭城。
草枯鹰眼疾，雪尽马蹄轻。
忽过新丰市，还归细柳营。
回看射雕处，千里暮云平。

终南山

王　维

太乙近天都，连山接海隅。
白云回望合，青霭入看无。
分野中峰变，阴晴众壑殊。
欲投人处宿，隔水问樵夫。

送梓州李使君

王　维

万壑树参天，千山响杜鹃。
山中一夜雨，树杪百重泉。
汉女输橦布，巴人讼芋田。
文翁翻教授，不敢倚先贤。

归嵩山作

王　维

清川带长薄，车马去闲闲。
流水如有意，暮禽相与还。
荒城临古渡，落日满秋山。
迢递嵩高下，归来且闭关。

过香积寺

王　维

不知香积寺，数里入云峰。
古木无人径，深山何处钟。
泉声咽危石，日色冷青松。
薄暮空潭曲，安禅制毒龙。

汉江临泛

王　维

楚塞三湘接，荆门九派通。
江流天地外，山色有无中。
郡邑浮前浦，波澜动远空。
襄阳好风日，留醉与山翁。

酬张少府

王　维

晚年唯好静，万事不关心。
自顾无长策，空知返旧林。
松风吹解带，山月照弹琴。
君问穷通理，渔歌入浦深。

春望

杜　甫

国破山河在，城春草木深。
感时花溅泪，恨别鸟惊心。
烽火连三月，家书抵万金。
白头搔更短，浑欲不胜簪。

无题

李商隐

相见时难别亦难，东风无力百花残。
春蚕到死丝方尽，蜡炬成灰泪始干。
晓镜但愁云鬓改，夜吟应觉月光寒。
蓬山此去无多路，青鸟殷勤为探看。

锦瑟

李商隐

锦瑟无端五十弦，一弦一柱思华年。
庄生晓梦迷蝴蝶，望帝春心托杜鹃。
沧海月明珠有泪，蓝田日暖玉生烟。
此情可待成追忆，只是当时已惘然。

登高

杜　甫

风急天高猿啸哀，渚清沙白鸟飞回。
无边落木萧萧下，不尽长江滚滚来。
万里悲秋常作客，百年多病独登台。
艰难苦恨繁霜鬓，潦倒新停浊酒杯。

黄鹤楼送孟浩然之广陵

李　白

故人西辞黄鹤楼，烟花三月下扬州。
孤帆远影碧空尽，唯见长江天际流。

夜泊牛渚怀古

李　白

牛渚西江夜，青天无片云。
登舟望秋月，空忆谢将军。
余亦能高咏，斯人不可闻。
明朝挂帆去，枫叶落纷纷。

送杜少府之任蜀州

王　勃

城阙辅三秦，风烟望五津。
与君离别意，同是宦游人。
海内存知己，天涯若比邻。
无为在歧路，儿女共沾巾。

次北固山下

王　湾

客路青山外，行舟绿水前。
潮平两岸阔，风正一帆悬。
海日生残夜，江春入旧年。
乡书何处达？归雁洛阳边。

望洞庭湖赠张丞相

孟浩然

八月湖水平，涵虚混太清。
气蒸云梦泽，波撼岳阳城。
欲济无舟楫，端居耻圣明。
坐观垂钓者，徒有羡鱼情。

钱塘湖春行

白居易

孤山寺北贾亭西，水面初平云脚低。
几处早莺争暖树，谁家新燕啄春泥。
乱花渐欲迷人眼，浅草才能没马蹄。
最爱湖东行不足，绿杨阴里白沙堤。

三、《诗经》训练

周南·关雎①

关关雎鸠，在河之洲。窈窕淑女，君子好逑。
参差荇菜，左右流之。窈窕淑女，寤寐求之。

---

① 这首诗是《诗经》的开篇之作，描写了一位君子对淑女的爱慕之情，以及他追求爱情的执着和热情。诗中运用比兴手法，以雎鸠鸟的鸣叫起兴，引出君子对淑女的思念之情。

求之不得，寤寐思服。悠哉悠哉，辗转反侧。
参差荇菜，左右采之。窈窕淑女，琴瑟友之。
参差荇菜，左右芼之。窈窕淑女，钟鼓乐之。

秦风·蒹葭①

蒹葭苍苍，白露为霜。所谓伊人，在水一方。
溯洄从之，道阻且长。溯游从之，宛在水中央。
蒹葭萋萋，白露未晞。所谓伊人，在水之湄。
溯洄从之，道阻且跻。溯游从之，宛在水中坻。
蒹葭采采，白露未已。所谓伊人，在水之涘。
溯洄从之，道阻且右。溯游从之，宛在水中沚。

周南·桃夭②

桃之夭夭，灼灼其华。之子于归，宜其室家。
桃之夭夭，有蕡其实。之子于归，宜其家室。
桃之夭夭，其叶蓁蓁。之子于归，宜其家人。

郑风·子衿③

青青子衿，悠悠我心。纵我不往，子宁不来？
挑兮达兮，在城阙兮。一日不见，如三月兮！

---

① 这首诗描绘了一幅秋意盎然的画面，通过描绘蒹葭、白露等自然景物，营造出一种凄清的氛围。诗中表达了主人公对伊人的深深思念，以及追求爱情的艰辛和无奈。

② 这是一首祝贺新娘出嫁的诗，诗中运用了丰富的比喻和象征手法，以桃花的艳丽来比喻新娘的美丽和青春活力。整首诗洋溢着喜庆和祝福的气氛，展现了古代婚礼的热闹和喜庆场面。

③ 这首诗描写了一位女子对恋人的深深思念和等待的焦急心情。诗中通过“青青子衿”等细节描写，生动地刻画了女子的内心世界，展现了古代女性的爱情观和情感态度。

青青子佩，悠悠我思。纵我不往，子宁不来？
挑兮达兮，在城阙兮。一日不见，如三月兮！

邶风·静女[①]

静女其姝，俟我于城隅。爱而不见，搔首踟蹰。
静女其娈，贻我彤管。彤管有炜，说怿女美。
自牧归荑，洵美且异。匪女之为美，美人之贻。

四、散文训练

晨曦初露，阳光如丝如缕地穿过云层，将天边染成一片金黄。漫步在林荫小道上，我不禁想起了那些曾经努力奋斗的日子。那时的我，怀揣着对未来的憧憬，勇往直前，无惧任何困难。虽然我的人生道路曲折，但充满了希望与梦想。每一道曲折都记载着一份坚持，每一次跌倒都铸就了一种坚强。望着天边逐渐升起的太阳，我深知，只要有梦想，人生就永远有光明的方向。

午后，一场细雨不期而至，淅淅沥沥地敲打着窗棂。雨滴落在窗玻璃上，如同钢琴键上跳跃的音符，演奏出一曲美妙的自然交响乐。我仿佛看见了小时候在老家屋檐下避雨的情景。那时的我，总喜欢伸出手去接住那滴滴落下的雨水，感受着它们在手心汇聚成小小的水洼。雨水带走的，不仅是尘埃，还有那一丝丝的忧愁，让人心境变得明朗起来。

夜幕降临，华灯初上。城市的霓虹灯闪烁着五彩斑斓的光芒，映照着人们忙碌的身影。走在这繁华的街道上，我感受到了一种别样的生机与活力。每一个在这里

① 这首诗描写了一位男子在城隅等待心爱的女子的情景。诗中通过细腻的心理描写和动作刻画，展现了男子对女子的深情厚爱和急切期待的心情，同时也揭示了古代男女恋爱的纯真和美好。

奋斗的人，都在用自己的方式诠释着生活的意义。虽然压力重重，但正是这些挑战，塑造了我们的坚韧与毅力，让我们在追逐梦想的路上，永不言弃。

春日踏青，花开满地。漫步在花海之间，我仿佛置身于一幅美丽的油画中。这绚烂的花海，一望无际。每一朵花都在尽情地绽放自己的美丽，无论是雍容华贵的牡丹，还是清新淡雅的雏菊，都在用自己的方式诉说着生命的力量与美好。我在这里，感受到了大自然的慷慨与包容，也感受到了生命的蓬勃与活力。

秋风送爽，硕果累累。走进果园，满眼都是金黄的果实，散发着诱人的香气。长句如同这丰收的景象，绵延不绝。我伸手摘下一个苹果，轻轻一咬，酸甜的果肉在嘴里爆汁四溢。这一刻，我感受到了劳动的艰辛与甘甜，也感受到了大自然的慷慨与馈赠。这片果园，见证了农夫们的辛勤汗水，也承载了他们丰收的喜悦。每一个果实，都是对勤劳最好的回馈。

五、新闻训练

我国绿色储粮仓容超两亿吨 不断夯实粮食仓储能力、筑牢粮食安全防线①

央广网北京 5 月 13 日消息（记者孔颖） 据中央广播电视总台中国之声《新闻和报纸摘要》报道，国家粮食和物资储备局最新数据显示，全国标准仓房完好仓容超 7 亿吨，实现低温、准低温储粮，绿色储粮仓容超两亿吨。各地各部门不断夯实粮食仓储能力，筑牢粮食安全防线。

2023 年湖南省经济总量突破 5 万亿元　实现“四连跳”②

央广网北京 5 月 11 日消息（记者孔颖） 据中央广播电视总台中国之声《新闻和

① 摘自央广网：https://china.cnr.cn/news/20240513/t20240513_526703052.shtml。

② 摘自央广网：https://china.cnr.cn/news/20240511/t20240511_526700995.shtml。

报纸摘要》报道，国务院新闻办公室 10 日举行“推动高质量发展”系列主题新闻发布会，湖南省相关负责人介绍，近年来，湖南在推动中部地区崛起和长江经济带发展中奋勇争先，经济总量实现“四连跳”。

湖南 2012 年经济总量为 2 万亿元，去年突破 5 万亿元，实现了“四连跳”。湖南省委副书记、省长毛伟明表示，湖南的经济增长与结构、质量、效益相一致相协调，奋进的湖南正在实现蝶变跃升。

湖南素有“鱼米之乡”“有色金属之乡”的美称，毛伟明说，要抓住有利条件，在建设重要的粮食生产基地、能源原材料基地、现代装备制造与高技术产业基地和综合交通运输枢纽的要求上提高“承载度”。

下一步，湖南将持续用力打造国家重要先进制造业高地、具有核心竞争力的科技创新高地和内陆地区改革开放高地。

国务院印发《关于调整完善工业产品生产许可证管理目录的决定》①

央广网北京 5 月 10 日消息　据中央广播电视总台中国之声《新闻和报纸摘要》报道，为保障重要工业产品质量安全，强化产品准入管理和源头治理，防范产品质量安全重大风险，确保人民群众生命财产安全和公共安全，国务院日前印发《关于调整完善工业产品生产许可证管理目录的决定》（以下简称《决定》）。

《决定》提出，对冷轧带肋钢筋、瓶装液化石油气调压器、钢丝绳、胶合板、细木工板、安全帽等 6 种产品实施工业产品生产许可证管理。调整后，实施工业产品生产许可证管理的产品共计 14 类 27 个品种。同时，化肥生产许可证审批方式由告知承诺调整为“先核后证”审批。

《决定》明确，工业产品生产许可证审批，由省级工业产品生产许可证主管部门负责实施，相关审批权限不得下放。

① 摘自央广网：https://china.cnr.cn/news/20240510/t20240510_526699480.shtml。

我国首个行星际闪烁监测望远镜正式建成①

央广网北京5月11日消息（记者朱敏 满朝旭） 据中央广播电视总台中国之声《新闻和报纸摘要》报道，我国首个行星际闪烁监测望远镜（简称IPS望远镜），5月10日顺利通过工艺测试，标志着该望远镜正式建成。IPS望远镜是“十三五”国家重大科技基础设施“空间环境地基综合监测网”子午工程二期的重大设备之一，至此子午工程二期项目已具备迎接工艺验收的条件。

IPS望远镜由我国自主研制，是我国首台专门用于行星际闪烁观测的射电望远镜。它采用一座主站、两座辅站的协同联测方式，分别是内蒙古锡林郭勒盟的明安图主站、伊和高勒辅站、乌日根塔拉辅站。三座台站之间的两两连线近似组成等边三角形，站与站之间距离约200公里。中国科学院国家空间科学中心研究员、子午工程二期副总工程师颜毅华强调，其中IPS望远镜主站拥有目前我国最大的抛物柱面射电望远镜，其天线口径、噪声温度、探测灵敏度都处于国际领先水平。

IPS望远镜系统实现了宽视场和大天区的连续覆盖。项目建设团队突破了巨型可动抛物柱面天线的高精度同步控制、数模混合波束合成架构下的高稳定性幅相接收等核心关键技术。

此次工艺测试表明，IPS望远镜具备了对行星际闪烁信号的连续探测能力，它将是国际上在这个领域最先进的专门用于行星际闪烁监测的望远镜，颜毅华指出，它的建成将对我国乃至国际空间天气研究发挥重要作用。

亚洲首艘圆筒型“海上油气加工厂”——“海葵一号”成功装船②

央广网北京5月13日消息（记者王伟 柳栋 于杰） 据中央广播电视总台中国之声《新闻和报纸摘要》报道，由我国自主设计建造的亚洲首艘圆筒型浮式生产储卸油

① 摘自央广网：https://china.cnr.cn/news/20240511/t20240511_526700994.shtml。

② 摘自央广网：https://china.cnr.cn/news/20240513/t20240513_526703051.shtml。

装置“海葵一号”昨天（12日）在山东青岛离港启运，运往珠江口盆地的流花油田，为我国首个深水油田二次开发项目年内投产奠定基础。

“海葵一号”是集原油生产、存储、外输等功能于一体的高端海洋装备，包括船体和上部功能模块两部分，由近60万个零部件组成，总重近3.7万吨，最大储油量达6万吨。

中国海油深圳分公司流花油田开发项目副总经理王火平说，“海葵一号”运输采用“大船背小船”的方式，最大限度缩短航期，减少海浪冲击损伤、台风影响等运输风险。

“海葵一号”主甲板面积相当于13个标准篮球场，高度接近30层楼，总重相当于3万辆小汽车。中国海油“海葵一号”安装项目经理王继强说，装船是“海葵一号”运输过程中技术难度最大、作业风险最高的关键环节。

“海葵一号”设计寿命30年，可连续在海上运行15年不回坞，运抵珠江口盆地的流花油田后，将漂浮在水深324米的大海上工作，每天能处理约5 600吨原油，为我国深水油气田高效开发提供全新选择。

前4个月我国货物贸易进出口总值13.81万亿元创历史同期新高[①]

央广网北京5月10日消息（记者丁飞） 据中央广播电视总台中国之声《新闻和报纸摘要》报道，海关总署9日发布，今年前4个月，我国货物贸易进出口总值13.81万亿元人民币，同比增长5.7%，规模创历史同期新高，外贸向好态势进一步巩固。

当前，我国外贸领域的积极因素不断增多，动能持续增强。海关总署新闻发言人、统计分析司司长吕大良透露，4月当月，我国对新兴市场进出口持续向好，对欧美等传统市场进出口由降转增，外贸向好态势明显。

从贸易方式看，前4个月，产业链更长、附加值更高的一般贸易进出口是8.98万亿元，增长5.3%，占我国外贸总值的65.1%；东盟继续为我国第一大贸易伙伴，双方在纺织服装、消费电子等传统领域合作稳中有进，在电动汽车等绿色低碳领域合作快速发展；从区域看，前4个月，我国西部地区进出口增长8.9%，高于整体3.2个百分点。

---

① 摘自央广网：https://china.cnr.cn/news/20240510/t20240510_526699477.shtml。

第四章

口腔——有声语言的形成与雕琢

第一节 训练口腔控制与咬字

一、训练口腔控制

训练口腔控制，对于有声语言表达来说，是一项至关重要的技能。通过精细地控制口腔的形状、力度和灵活性，演播者能够显著提高发音的清晰度，确保每一个字词都能够被准确无误地传达给观众。这不仅有助于信息的准确传递，还能避免因发音不清而造成的误解和困惑。此外，有声语言表达创作主体通过巧妙地调整口腔的形状和状态，能够更好地传递角色的情感和展现其内心世界。这种微妙的调整，能够让声音更具感染力和表现力，使听众能够更深刻地理解和感受到角色所经历的喜怒哀乐。

训练口腔控制还能帮助演播者更加灵活地适应不同的角色和情境。在配音过程中，演播者常常需要为各种各样的角色进行声音的塑造和模拟。通过精湛的口腔控制技巧，可以轻松地调整自己的发音方式和音色，以呈现出不同年龄、性别和性格的角色特点。这种灵活性使得演播者在面对多变的任务时更加游刃有余。通过持续的口腔控制训练，演播者的整体表达效果将得到显著提升。他们的演播将变得更加自如、生动，能够更好地吸引和感染听众。这种提升不仅体现在发音的清晰度和情感的传递上，更体现在对整个演播过程的掌控力和自信心上。因此，对于有志于从事有声语言表达工作的人来说，训练口腔控制是一项不可或缺的基本功。

二、咬字和咬字器官

肺部呼出的气流经由声带振动产生声音，该声音传递至咽腔并进而到达口腔。在口腔内部，声音受到多重因素的调节与控制，最终发出各种不同的音节和字音。这一过程在语音学中被称为咬字或发音过程。口腔内负责调节和控制声音发出特定字音的部位，被定义为咬字器官，其在声音发出和字音形成过程中起着至关重要的作用。

第二节 吐字归音

吐字归音，是精细化控制音节发音过程的艺术手段，它追求发音的清晰度与力度，以实现音质的圆润与优美。吐字归音最初源于中国传统戏曲声乐的深厚底蕴，随后逐渐融入歌唱、话剧等多种艺术形式，同时在播音等有声语言表达实践中也得到了广泛应用。

在吐字归音的过程中，“出字”是起始阶段，它要求发音者能够精准而清晰地发出音节的起始音素，为后续的音质塑造奠定基础。“立字”阶段，侧重于字腹的发音，以确保声音的饱满度和稳定性。这一阶段对于整体音质的连贯性和美感至关重要。“归音”则是收尾环节，它要求发音者能够干净利落地结束音节，避免任何拖沓或含糊不清的情况，从而保证整体发音的精准与优雅。

总结：

吐字归音的要领可以归纳为：出字有力，叼住弹出；立字饱满，拉开立起；归音弱收到位，趋势鲜明。

枣核形的吐字概念：它是针对头腹尾俱全的音节吐字的状态而言，字头叼住弹出，字腹拉开立起，字尾到位弱收，合起来成为一个两头小中间大的“枣核形”，举例如图 4-1 所示。

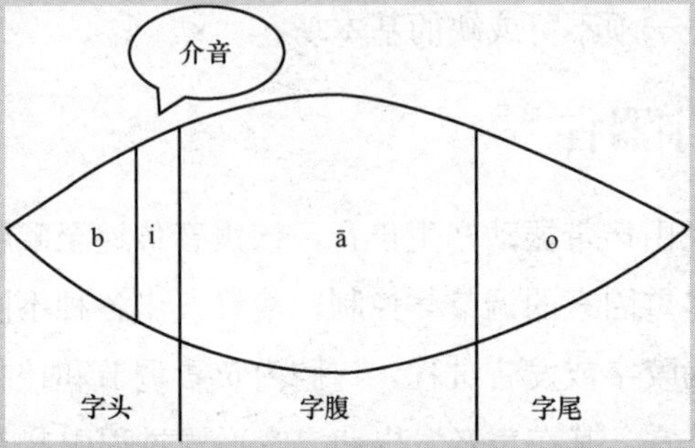

图 4-1 以“标”的拼音为例

第三节 咬字器官互相配合的要领

1. 打开口腔

打开口腔要有提起上颚的感觉，同时下颚和舌根要放松，上颚的提起、下颚和舌根的放松可以适当加大口腔容积，保证字音的不后缩、不僵硬，为字音的发音立起创造条件。这个状态是通过“提颧肌，打牙关，挺软腭，松下巴”来实现的。

1）提颧肌

颧肌是位于颧骨和上唇外侧及嘴角部位的肌肉。“提颧肌”并非简单地上提或收缩颧肌，而是在播音过程中，以颧肌为主，保持口面部肌肉的适度紧张。

这一动作能够帮助提升声音的亮度和字音的清晰度，使面部表情更加积极兴奋，增加声音的亲切感和感染力。

2）打牙关

牙关是指下颌骨和头骨的连接点，它控制着口腔的开合。“打牙关”意味着在吐字过程中，适当增加下颌的开度，让口腔后部容积变大。需要注意的是，“打牙关”不是简单地张大嘴巴，而是要打开“后槽牙”，即扩大口腔后部的空间。

这一动作有助于增加发音的饱满度，使声音更加圆润。

3）挺软腭

软腭是位于口腔上部的软组织部分。“挺软腭”是指软腭适度抬起，并保持适度紧张的状态。这个动作可以扩大口腔容积，改善口腔共鸣的状态，使声音更加清晰、明亮。

挺软腭还可以用“半打哈欠”的动作来体会，有助于找到正确的口腔状态。

4）松下巴

下巴和舌根的紧张状态会影响喉部的放松和声音的发出。“松下巴”即主动放松下颌骨、下巴和舌根，以减轻喉部的负担。这一动作可以使嗓音更加松弛、持久，同时也有助于打开口腔，增加声音的共鸣和穿透力。

2. 力量集中

咬字器官力量的集中确实是声音集中的关键因素，而这种力量的集中主要体现在唇及舌的动作和位置上。

唇的力量需要集中到唇的内缘。更具体地说，唇的力量应该集中到唇的中央三分之一处。这种集中的力量有助于发出清晰、有力的声音。在发音过程中，舌体应该取“收势”，意味着舌在发音时要有一种向内收缩的态势，有助于声音的集中和字音的准确发出。

3. 应明确声音发出的路线和字音着力位置

声音应该沿软腭硬腭的中纵线推到硬腭的前部，这条中纵线，是使声音发出的路线。

字音着力位置在口腔中的硬腭前端。这种状态在播音主持界被称为“声挂前腭”。所谓声挂前腭就是由喉发出的声束经咽腔沿上颚中纵线前行，向硬腭前部流动冲击，从而使字音有挂在硬腭穹窿前部的感觉，并由上唇以上的部位透出口腔。

第四节 口部操

共同语是一个社会里全体成员通用的语言，它是这个社会全民使用的交际工具。现代汉语中除了普通话之外，还有着各种各样的方言。方言，顾名思义就是局部区域的人们使用的地方性语言，可以将它看作是祖国各个地区的人们所讲的家乡话。

规范化是从自发到自觉的过程，是每个播演者在语言上自我修炼的过程，因而在日常生活中每个播演者要时时刻刻提醒自己使用规范的言语进行沟通。这不仅仅是职业素养，更是一种职业要求和职业精神的体现。

现在单论吐字归音的标准化：一个汉字的发音标准与否，要看它的声母、韵母和声调是否发得准确、饱满、到位。其中，困扰人们讲普通话最大的问题就是声母和韵母的系统性缺陷问题。例如：湖南、川渝地区在声母方面会出现 h 与 f、n 与 l 难以区分的问题；西南地区、东北地区方言的声母里没有 zh、ch、sh、r；福建、广东等地在发音节“二”

时会发成“饿”等。

这些长期困扰人们的语音问题看似很难纠正，其实则不然。声母、韵母发音的标准与否和大家的唇、舌及口腔内部空间是紧密相连的。要想消除方音，使声母和韵母发音标准，必须把人们的唇舌力度和口腔状态练好，让这个区域的肌肉更加灵活有力量，做到能够自如地、精细地控制它们来为人们的发音服务。此时，需要口部操的帮助。在学习口部操之前，先来认识一下口腔内部、舌部和唇部的构造（见图 4-2、图 4-3）。

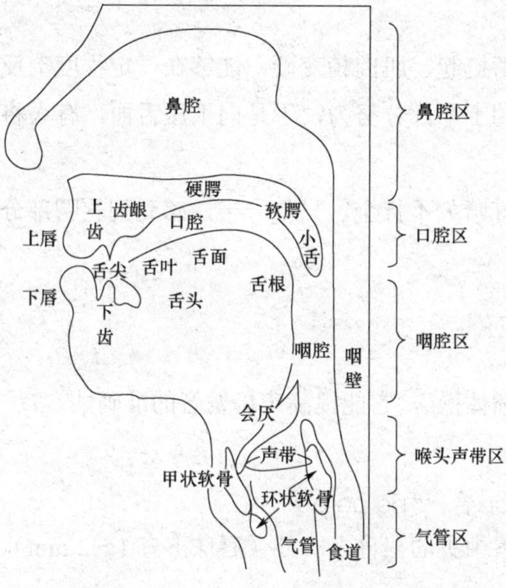

图 4-2　发音器官纵侧面示意图

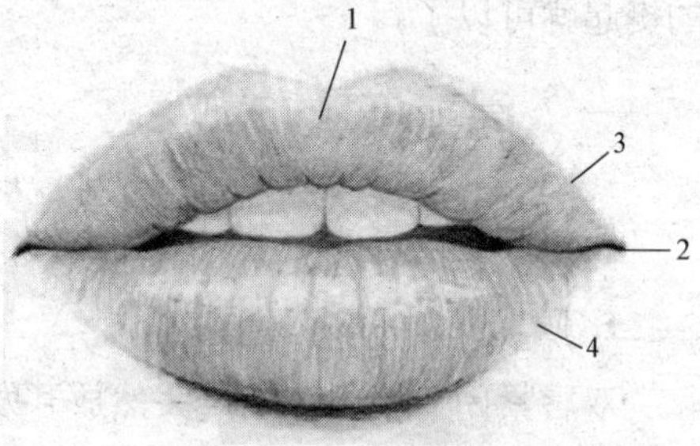

1—唇珠；2—唇角；3—上唇；4—下唇。

图 4-3　唇部构造图

口部操分为口腔操、唇部操和舌部操三部分，是用来帮助人们训练唇和舌头各个部位肌肉的一套“广播体操”，是能够提高人们发音能力的一种训练方法，当然也可以是人们发音前的准备活动。

一、口腔操

口腔操是以口腔张合开度训练为主的“广播体操”。

1. 嚼

大家都吃过牛肉干，将美味可口的牛肉干放入口中时，为了方便消化，牙齿会进行咀嚼运动，即在上下牙龈强有力的发力下进行咀嚼。咀嚼运动主要训练的是大家下牙关（下牙咬肌的关节处）和软腭的抬升。

注意：为了避免出现咬肌拉伤，大家在练习时切忌过度张口。在练习前也可以用自己双手大拇指根处的肌肉相互摩擦生热，然后轻放至咬肌处轻轻揉搓，给自己的咬肌做一做预热的准备活动。

2. 挺

挺起软腭也是为了增大口腔容积，软腭挺起，肌肉稍变硬，能够在一定程度上反射声音。挺起软腭时要特别注意，是口中的上半部分努力，不是向下压舌面。有人将它称为“半打哈欠”的感觉，这是贴切的。[①]

注意：这里指的是半打哈欠，也就是打哈欠不打全，只打一半，感受到软腭部分的挺起就可以了。

二、唇部操

唇部操是以唇部力量训练为主的“广播体操”，它能提高声母发音的准确性。

1. 喷

双唇紧闭，堵住气流，突然放开发出 po 音，“po po po”。

注意：不要满唇用力，将力量集中在唇中央的三分之一处（唇珠下方 1～2 mm）。

2. 咧

双唇轻闭，将嘴角用力向两边咧，再撅起，多次重复该动作。

注意：抿（咧）唇时，嘴角发力，拽动双唇向两边咧。撅唇时，将力量集中在唇珠处。

3. 转

双唇轻闭，将力量集中在唇珠处，用唇珠作“车头”，带动唇部进行转动。

---

① 赵秀环. 播音主持快速入门十八招儿. 北京：中国传媒大学出版社，2011.

注意：转唇时，唇部尽量画大圆。大家可以先做顺时针方向的转唇，再进行逆时针方向的转唇。

三、舌部操

1. 顶

双唇轻闭，用舌尖顶左内颊，顶右内颊，交替进行。交替速度不要太快，顶的力量要大些，使面颊有紧的感觉，同时舌头有酸的感觉。[①]

2. 刮

双唇轻闭，将舌尖抵在下齿背处，然后口逐渐打开，舌面就会逐渐地向上隆起，上门齿始终从舌叶轻刮至舌面。练习时，要感觉舌面隆起有阻力，即要让舌头吃住劲。待刮舌动作结束后，舌头后缩，舌面后移贴住硬腭的前部，整个练习过程需坚持10～20秒。

3. 绕

绕舌与顶舌在初始动作上有相似之处，都是将双唇轻闭，用舌尖顶左内颊。不同的是，绕舌时舌头将在口腔内部进行画圆转动。

注意：绕舌时，用舌尖作“车头”，尽量画大圆转动。可以先做顺时针方向的绕舌，再进行逆时针方向的绕舌。

4. 弹

双唇微张，然后让舌面和上腭接触并连续地快速打响。

注意：做弹舌练习时，可以分成慢弹和快弹两种，循序渐进地进行练习。

① 赵秀环. 播音主持快速入门十八招儿. 北京：中国传媒大学出版社，2011.

第五节 绕口令训练

八百标兵奔北坡，炮兵并排北坡跑，炮兵怕把标兵碰，标兵怕碰炮兵炮。

巴老爷有八十八棵芭蕉树，来了八十八个把式要在巴老爷八十八棵芭蕉树下住。巴老爷拔了八十八棵芭蕉树，不让八十八个把式在八十八棵芭蕉树下住。八十八个把式烧了八十八棵芭蕉树，巴老爷在八十八棵树边哭。

白猫黑鼻子，黑猫白鼻子；黑猫的白鼻子，碰破了白猫黑鼻子，白猫的黑鼻子破了，剥了秕谷壳儿补鼻子；黑猫的白鼻子不破，不剥秕谷壳儿补鼻子。

白石白又滑，搬来白石搭白塔。白石塔，白石塔，白石搭石塔，白塔白石搭。搭好白石塔，白塔白又滑。

扁担长，板凳宽，扁担没有板凳宽，板凳没有扁担长。扁担绑在板凳上，板凳偏不让扁担绑在板凳上。

出南门，走六步，见着六叔和六舅，叫声六叔和六舅，借我六斗六升好绿豆；过了秋，打了豆，还我六叔六舅六十六斗六升好绿豆。

吃葡萄不吐葡萄皮，不吃葡萄倒吐葡萄皮。

粉红墙上画凤凰，凤凰画在粉红墙。红凤凰，粉凤凰，红粉凤凰，花凤凰。

哥挎瓜筐过宽沟，过沟筐漏瓜滚沟。隔沟挎筐瓜筐扣，瓜滚筐空哥怪沟。

高高山上一条藤，藤条头上挂铜铃。风吹藤动铜铃动，风定藤停铜铃静。

化肥会挥发，黑化肥发灰，灰化肥发黑。黑化肥会发灰，灰化肥会发黑。黑化肥发灰会挥发，灰化肥挥发会发黑。

红鲤鱼与绿鲤鱼与驴。

胡子骑驴子，驼子挑螺蛳，胡子撞翻了驼子的螺蛳，驼子拖住胡子的驴子，胡子去打挑螺蛳的驼子，驼子来打骑驴子的胡子，胡子打驼子，驼子打胡子。

蓝教练是女教练，吕教练是男教练，蓝教练不是男教练，吕教练不是女教练。蓝南是男篮主力，吕楠是女篮主力，吕教练在男篮训练蓝南，蓝教练在女篮训练吕楠。

老方扛着黄幡坊，老黄扛着方幡坊。老方要拿老黄的方幡坊，老黄要拿老方的黄幡坊，末了儿方幡黄幡两分张。

老谭挑着一担炭去炭摊卖炭，老杜挑着一担蛋去蛋摊卖蛋。半道老杜招呼老谭聊起炭蛋，老谭耽搁了卖炭急得挑起炭担，不料炭担撞着了老杜的蛋担，破了一担蛋。老谭没有卖成炭，老杜更是赔了蛋。

刘留牵牛过宽沟，牛背驮着一个篓，篓里装满一篓豆。沟宽牛蹦篓滚沟，篓破豆掉流满沟。刘留拴住牛，扶起篓，捡豆、捡豆装篓头，篓装豆，牛牵走。

六十六岁的陆老头，盖了六十六间楼，买了六十六篓油，养了六十六头牛，栽了六十六棵垂杨柳。六十六篓油，堆在六十六间楼；六十六头牛，扣在六十六棵垂杨柳。忽然一阵狂风起，吹倒了六十六间楼，翻倒了六十六篓油，折断了六十六棵垂杨柳，砸死了六十六头牛，急煞了六十六岁的陆老头。

柳林镇有个六号楼，刘老六住在六号楼。有一天，来了牛老六，牵了六只猴；来了侯老六，拉了六头牛；来了仇老六，提了六篓油；来了尤老六，背了六匹绸。牛老六、侯老六、仇老六、尤老六，住上刘老六的六号楼，半夜里，牛抵猴，猴斗牛，撞倒了仇老六的油，油坏了尤老六的绸。牛老六帮仇老六收起油，侯老六帮尤老六洗掉绸上油，拴好牛，看好猴，一同上楼去喝酒。

楼上一块破瓦，楼下一匹骡马，破瓦落下来打了骡马，骡马跳起来踩了破瓦。

麻妈妈骑马，马慢麻妈妈骂马。苗毛毛找猫，猫跑苗毛毛追猫。

庙里有只白猫，庙外有只黑猫。庙里白猫骂庙外黑猫是馋猫，庙外黑猫骂庙里白猫是懒猫。

七巷一个漆匠，西巷一个锡匠，七巷漆匠偷了西巷锡匠的锡，西巷锡匠偷了七巷漆匠的漆。

墙上一个瓶，墙下一个盆，瓶落下来打破了盆的底，盆翻转来打破了瓶的嘴。

第六节 文段训练

清晨，阳光透过窗帘洒满房间，我慵懒地打了个哈欠，迎接着新的一天。窗外，花坛里的花儿在晨露的滋润下显得格外娇艳，空气中弥漫着淡淡的花香，让人心旷神怡。

漫步在郊外的小路上，放眼望去，一片金黄的麦田映入眼帘。微风吹过，麦浪翻滚，仿佛是大自然的赞歌。我深深地吸了一口气，感受着麦香和泥土的芬芳交织在一起，沁人心脾。

夜幕降临，华灯初上。我独自一人走在熙熙攘攘的街头，看着来来往往的行人，感受着城市的繁华与喧嚣。突然，一阵悠扬的琴声传来，循声望去，只见一位街头艺人在弹奏着美妙的旋律，让人陶醉其中。

春天到了，万物复苏。公园里的柳树抽出了嫩绿的枝条，随风摇曳生姿。孩子们在草地上奔跑嬉戏，欢声笑语此起彼伏。我坐在长椅上，享受着春日的暖阳和宁静的时光。

夏日的海滩上，阳光照耀着细软的沙滩和湛蓝的海水。我赤脚走在沙滩上，感受着海风的轻抚和海浪的拍打。远处，海鸥在空中翱翔，发出欢快的叫声，仿佛在欢迎我的到来。

秋天的山林里，层林尽染，五彩斑斓。我踏着落叶前行，欣赏着迷人的秋景。偶尔有松鼠从树林间窜出，好奇地望着我这个陌生的访客。我微微一笑，继续前行。

冬日的早晨，雪花飘落，银装素裹的大地显得格外宁静。我推开门窗，一股清新的空气扑面而来。我穿上厚厚的羽绒服，走出屋外，与雪花亲密接触，感受着冬天的魅力。

坐在窗前，品一杯香茗，读一本好书，是一种难得的享受。我沉浸在书的世界里，忘记了时间的流逝，仿佛与书中的主人公一起经历了种种奇遇。

登上山顶，俯瞰着脚下的群山和远处的城市，心中涌起一股豪情壮志。我张开双臂，仿佛能拥抱整个世界。此时此刻，所有的烦恼和忧愁都烟消云散，只留下内心的宁静与喜悦。

夜幕降临，我静静地站在窗前，凝望着星空。星星闪烁着微弱的光芒，仿佛在诉说着宇宙的奥秘。我闭上眼睛，许下一个美好的愿望，期待着未来的生活更加精彩纷呈。

第七节 散文训练

听 雨

一大早就下起雨来。下雨，本不是什么稀罕事儿，但这是春雨，俗话说 “春雨贵似油”，而且又在罕见的大旱之中，其珍贵就可想而知了。

“润物细无声”，春雨本来是声音极其微弱的，连坐在屋里也听不出有什么雨声来，但不知为什么，正是这极弱的雨声却引来了我无限的遐思。

我坐在窗前，静静地聆听着这细雨的声息，仿佛在听着一首古老而又新奇的曲子，一曲奏完，又一曲奏起，每一曲都是那么优美动听。

细雨如丝，透过一条条的银线，看到远处的山、水、树……朦朦胧胧的，就像害羞的少女披上了银色的面纱，她带着甜甜的微笑来到人们的身边。那挺拔的绿树，嫩嫩的小草，娇艳的花朵，都尽情地享受这春雨的滋润。雨珠晶莹剔透，被雨水打落的花瓣像一叶叶扁舟，轻盈地在水中漂荡。

雨，还在轻轻地飘洒着。它带来万物苏醒的讯息，却也洗尽了世间的浮华与尘埃。淅淅沥沥的雨声，似乎在提醒着人们，春天已经来临，万物复苏，又是一个崭新的开始。在这细雨中，我仿佛看到了大地的欢颜，听到了万物的细语。

我也算是个爱雨的人吧，尤其是春雨。我喜欢在雨中漫步，感受那份独特的宁静与惬意。每当雨滴轻轻落在我的脸上、手上，我都会感到一种莫名的亲切与温馨。这种感觉，就像是被母亲轻轻抚摸着脸庞，温暖而又安心。

静听雨声，我仿佛看到了历史的长河在眼前流淌。那些曾经的辉煌与沧桑，都随着这细雨悄然逝去。然而，新的生命与希望却在这雨中悄然萌发。这就是生命的力量，无论经历多少风雨，都能顽强地生存下去。

突然，我想起了杜甫的那首《春夜喜雨》。“好雨知时节，当春乃发生。随风潜入夜，润物细无声。”春雨，不仅仅是一种自然现象，更是一种生命的象征，一种希望的寄托。

雨，渐渐停了。我推开窗子，一股清新的空气扑面而来。远处的山峦更加清晰，近处的树木也显得更加翠绿。这场春雨，给大地带来了无尽的生机与活力。

我爱春雨，更爱这雨后初晴的世界。在这里，我找到了生命的真谛，也找到了生活的意义。让我们珍惜每一场春雨，珍惜这大自然赋予我们的美好时光吧！

听雨，是一种感情的宣泄，是一种心灵的寄托，更是一种生命的感悟。在这细雨中，我仿佛读懂了人生的真谛，也找到了前行的动力。愿我们都能在这春雨的洗礼中，变得更加坚强与勇敢。

听，那是雨的声音，它在诉说着一个又一个关于生命与希望的故事。让我们静下心来，聆听这美妙的雨声，感受这大自然的恩赐吧！

在雨后的世界里，我仿佛看到了一道彩虹划过天际，那是希望的象征，也是未来的方向。让我们携手并进，共同迎接那美好的明天吧！

秋意浓

秋风起，秋意浓。清晨，推开窗，一股清凉的秋意扑面而来，夹杂着泥土的芬芳和树叶的清香。秋，这个充满诗意的季节，总能引发人无尽的遐想。

我走在林间小道上，金黄的落叶在脚下沙沙作响，仿佛在诉说着秋天的故事。阳光透过稀疏的树叶，洒下斑驳的光影，给这个季节增添了几分温暖与宁静。

秋天的色彩是丰富的。你看，那满树的枫叶，由绿变红，再由红转黄，像是大自然的调色板，将秋的色彩渲染得如此绚烂。远处的山峦，也被秋意染上了一层金黄，宛如一幅流动的油画。

秋天的声音是多样的。你听，那风吹树叶的沙沙声，是秋天的低语；那鸟儿的啾啾鸣叫，是秋天的歌唱；那农人收割稻谷的咔嚓声，是秋天的赞歌。这些声音交织在一起，构成了一首美妙的秋之交响曲。

秋天的气息是独特的。你闻，那果实成熟的香甜，那稻谷收获的芬芳，还有那泥土翻新的清新，都让人沉醉其中。这些气息交织在一起，形成了一种独特的秋香，让人心旷神怡。

在这个季节里，人们的心情似乎也变得更加宁静和深沉。或许是因为秋意渐浓，让人不禁开始思考生活的真谛，或许是因为秋天的美景，让人心生向往和感慨。

“自古逢秋悲寂寥，我言秋日胜春朝。”秋天，总是能引发人们内心深处的情感。有人感慨时光的流逝，有人怀念过去的点滴，也有人憧憬未来的美好。而我，更愿意在这个季节里，静静地感受大自然的馈赠，品味生活的韵味。

我走在乡间的小路上，看到农民们正忙着收割稻谷，他们的脸上洋溢着丰收的喜悦。那一捆捆金黄的稻谷，不仅是他们辛勤劳动的结晶，更是大自然对他们的慷慨馈赠。这一幕让我感受到了秋天的力量和生命的价值。

我继续前行，来到了一片果园。那里，果实累累，挂满枝头。苹果红透了脸，柿子像灯笼一样高高挂起，葡萄串串晶莹剔透……这些果实是大自然对人类的馈赠，也是秋天最美的风景之一。我摘下一颗苹果，轻轻咬一口，那甜美的滋味在嘴里蔓延开来，仿佛整个人都被甜蜜包围了。

我坐在一块大石头上，远眺着秋天的美景。这时，一阵微风吹过，吹起了我心中的涟漪。我开始思考人生的意义和价值，开始反思自己的过去和未来。在这个宁静的秋天里，我找到了内心的平静和力量，也找到了前行的动力和方向。

秋天是一个收获的季节，不仅收获了金黄的稻谷，还收获了内心的平静和力量。在这个季节里，我学会了珍惜当下、感恩生活，也学会了勇敢面对未来的挑战和困难。

夕阳西下，我踏上归途。身后留下的是一片片金黄的落叶和满满的回忆。秋意浓，情更浓。在这个充满诗意的季节里，我找到了生活的真谛和生命的价值。愿我们都能在这个美好的秋天里，收获属于自己的幸福和快乐。

秋风轻拂，我漫步在归家的路上。路边的树叶在夕阳的余晖中闪耀着金光，仿佛每一片都承载着一个小小的故事。我停下脚步，弯腰拾起一片落叶，轻轻摩挲着它的脉络。这片叶子，曾经也是树上的一员，如今却沦为了大地的养分。然而，它的离去并不是终结，而是以另一种方式延续着生命。

这让我想到了人生，我们每个人都如同这片叶子，终究会有一天离开这个繁华的世界。但我们的存在并非毫无意义，我们所经历的每一个瞬间，都会成为永恒的记忆，影响着身边的人和事。就像这片落叶，虽然凋零，但它的美丽和存在的意义依然被铭记。

我继续走着，心中充满了感慨。秋天的美，不仅仅在于它的色彩斑斓和丰收的喜悦，更在于它带给人们的深刻思考和内心的宁静。在这个季节里，我们似乎更能体会到生命的脆弱和宝贵，更能珍惜与亲朋好友相聚的时光。

夜幕降临，我回到了家中。窗外的秋风依旧在吹拂着，带走了一天的疲惫和烦恼。我静静地坐在窗前，凝视着夜空中的繁星点点，心中充满了感激和敬畏。感谢秋天给予我的启示和力量，让我更加珍惜现在所拥有的一切；敬畏生命的伟大和神奇，让我更加勇敢地面对未来的挑战。

秋意浓时情更浓，这个季节让我学会了放慢脚步去欣赏生活中的美好，去感悟生命的真谛。愿我们都能在这个充满诗意的秋天里找到属于自己的那份宁静和力量。

海之韵

海洋，那是一个令人心生敬畏又充满向往的名字。每当提及，我总会想起那无尽的碧波荡漾，想起那深不见底的蓝色深渊，还有那些隐藏在涛声中的神秘故事。

站在海边，目之所及，尽是一片茫茫的水天一色。海浪轻轻拍打着沙滩，像是在诉说着古老的传说。远处的海鸥在海面上翱翔，偶尔低头觅食，然后又振翅高飞，自由自在。海风轻轻吹过，带着些许咸湿的气息，那是海洋独有的味道，清新而又原始。

我曾听人说，海洋的深处藏着无数的秘密。那里有奇异的生物，有被时间遗忘的沉船，还有传说中的美人鱼。每当夜幕降临，月光洒在海面上，波光粼粼，仿佛能映照出另一个世界的影子。我时常想象，如果能深入海底，该会看到怎样的景象呢？

海洋不仅广阔无垠，更是深不可测。它包容了太多的生命与故事，既有温柔的浪花轻抚岸边，又有狂暴的风暴席卷一切。在这片蔚蓝的世界里，一切都是可能的，一切都是未知的。这种神秘感，让人既感到好奇又心生敬畏。

我曾在海边的岩石上静坐，聆听海浪的声音。那声音时而轻柔如呢喃，时而汹涌如怒吼。我闭上眼睛，让心灵与海洋对话。那一刻，我仿佛感受到了海洋的力量与温柔，感受到了生命的起伏与变迁。

海洋，也是生命的摇篮。它孕育了无数的生命，从微小的浮游生物到庞大的鲸，每一个生命都在这里找到了自己的归宿。而人类，作为智慧生命的代表，也对海洋充满了无尽的探索和想象。我们造船出海，在海洋中发现了无数的资源和宝藏。

然而，随着人类文明的进步，海洋也面临着前所未有的挑战，污染、捕捞、气候变化……这些问题正在逐渐威胁着海洋的生态平衡。每当我看到这些报道，心中总会涌起一股莫名的悲伤。海洋给予了我们太多，而我们却往往忽略了它的感受。

但即便如此，我依然对海洋充满了热爱和向往。每当站在海边，我总会感受到一种莫名的力量在召唤着我，那是海洋的力量，是生命的力量。我相信，只要我们用心去感受、去珍惜，海洋依然会是我们心中那片永恒的蔚蓝。

在这个快节奏的时代里，人们总是忙于奔波和劳作。但无论何时何地，只要想起那片广阔的海洋，我的心就会变得宁静而宽广。海洋不仅是一种自然景观，更是一种精神的寄托和灵魂的归宿。

有时候我会想，如果人生是一场旅行，那么海洋无疑是最美丽的风景之一。它见证了地球的变迁和生命的演化，也承载了人类的梦想和希望。在这片广阔无垠的蓝色世界里，我们可以找到自己的位置和价值，也可以找到生活的意义和方向。

我时常会梦见自己乘风破浪航行在海洋上，那种感觉既刺激又自由。在梦中我与海豚嬉戏、与海浪共舞、与星空对话……那些美好的瞬间仿佛就在眼前闪烁着光芒。当我醒来发现原来那只是一场梦时，心中不免有些失落，但更多的是对未来的期待和憧憬。

海洋是一个永恒的主题，它既有广阔无垠的一面，也有深邃神秘的一面；它既有温柔宁静的一面，也有狂暴汹涌的一面……但无论如何变化，它都是那么美丽而迷人，让人无法抗拒它的魅力，我想这大概就是我对海洋最深的感受吧！

在未来的日子里，我希望能够更多地了解和探索这片神秘的海洋世界，用心去感受它的美丽与哀愁，用笔去描绘它的壮阔与细腻，用爱去呵护它的生态与和谐……因为我相信只有真正热爱并尊重自然才能与自然和谐共处，也才能让我们这个世界变得更加美好！

每当我回想起那些与海洋相伴的日子，心中总会涌起一股暖流，那是对美好时光的怀念，也是对未来的憧憬。在这片广阔无垠的蓝色世界里，我愿意做一个永远的追梦人，用我的笔触记录下每一个精彩瞬间，用我的心灵去感受每一份美好与感动！

海洋啊！你是如此美丽而神秘，让我怎能不爱你？在这片广阔无垠的蓝色世界里，我愿与你共度余生，探寻更多的未知与奇迹！

第八节 新闻训练

全国最大海上光伏项目正式开工　年减少二氧化碳排放 177 万吨[①]

央广网北京 5 月 20 日消息（记者王泽华） 据中央广播电视总台中国之声《新闻和报纸摘要》报道，全国最大的海上光伏项目——中核田湾 200 万千瓦滩涂光伏示范项目 19 日正式开工建设，项目建成后，年减少二氧化碳排放 177 万吨，通过“光伏+核电”多能互补，推进能源结构转型升级。

巴黎奥运会资格系列赛上海站比赛落幕　中国选手表现亮眼[②]

央广网北京 5 月 20 日消息（记者孙鲁晋 张闻） 据中央广播电视总台中国之声《新闻和报纸摘要》报道，巴黎奥运会资格系列赛上海站 19 日结束。本站比赛为期四天，来自 120 多个国家和地区的 464 名选手，为自由式小轮车、滑板、霹雳舞和攀岩 4 个项目的巴黎奥运会 150 多张入场券展开激烈争夺。中国选手在小轮车、攀岩、霹雳舞三个大项当中，共取得了 2 金、3 银、2 铜的优异成绩。

① 摘自央广网：https://china.cnr.cn/news/20240520/t20240520_526711155.shtml。

② 摘自央广网：https://china.cnr.cn/news/20240520/t20240520_526711086.shtml。

第十届世界水论坛今日开幕 中国就解决水问题贡献中国智慧和中国方案①

央广网北京 5 月 20 日消息（记者刘梦雅） 据中央广播电视总台中国之声《新闻和报纸摘要》报道，第十届世界水论坛 20 日将在印度尼西亚巴厘岛开幕，论坛以“水促进共享繁荣”为主题，将围绕水安全与繁荣等重要议题，为参会各方提供交流分享先进治水理念、经验、政策以及前沿治水科技的重要平台，中国也将就解决水问题贡献中国智慧和中国方案。

神舟十八号航天员乘组在空间站开展一系列空间科学实验②

央广网北京 5 月 19 日消息（记者孙永） 据中央广播电视总台中国之声《新闻和报纸摘要》报道，神舟十八号航天员乘组自进驻空间站以来，陆续开展了一系列空间科学实验。此外，随神舟十七号 3 名航天员一起返回的 71 件舱外暴露实验装置及科学实验样品，也已被送往中国科学院兰州化学物理研究所进行分析研究。

2023 年我国卫星导航与位置服务产值同比增长 7.09%③

央广网北京 5 月 19 日消息（记者张棉棉 王东宇） 据中央广播电视总台中国之声《新闻和报纸摘要》报道，中国卫星导航定位协会 18 日发布《2024 中国卫星导航与位置服务产业发展白皮书》（以下简称《白皮书》）显示，我国去年（2023 年）卫星导航与位置服务产业总体产值达到 5362 亿元人民币，同比增长 7.09%，产业生态范围进一步扩大，结构持续优化。

《白皮书》显示，随着各行业数字化转型和智能化升级对卫星导航设备及时空数据的需求开始释放，2023 年我国卫星导航与位置服务产业总体产值加速增长，其中由卫星导航应用和服务所衍生带动形成的关联产值达到 3 751 亿元人民币。

---

① 摘自央广网：https://china.cnr.cn/news/20240520/t20240520_526711063.shtml。

② 摘自央广网：https://china.cnr.cn/news/20240519/t20240519_526710187.shtml。

③ 摘自央广网：https://china.cnr.cn/news/20240519/t20240519_526710136.shtml。

我国已初步构建类型丰富的博物馆体系①

央广网北京5月19日消息（记者丁飞 雷恺 温超） 据中央广播电视总台中国之声《新闻和报纸摘要》报道，国家文物局18日发布2023年度中国博物馆事业发展最新数据。2023年我国新增备案博物馆268家，多地博物馆接待量不断创下历史新高。类型丰富、主体多元、普惠均等的博物馆体系已初步构建。

国家文物局数据显示，2023年，全国登记备案的博物馆数量从2012年的3 866座增长至6 833座，越来越多的观众走进博物馆，博物馆的吸引力不断增强。全年全国博物馆举办陈列展览4万余个、教育活动38万余场，接待观众12.9亿人次。

习近平同俄罗斯总统普京共同出席“中俄文化年”开幕式暨庆祝中俄建交75周年专场音乐会并致辞②

央广网北京5月17日消息（记者潘毅） 据中央广播电视总台中国之声《新闻和报纸摘要》报道，5月16日下午，国家主席习近平和俄罗斯总统普京在北京国家大剧院共同出席“中俄文化年”开幕式暨庆祝中俄建交75周年专场音乐会并致辞。

习近平和普京在热烈的掌声中一同步入会场。

习近平首先发表致辞。

习近平指出，今年是中俄建交75周年。中俄关系四分之三个世纪的风雨历程表明，不断巩固和发展中俄永久睦邻友好、全面战略协作、互利合作共赢，符合两国和两国人民的根本利益，顺应国际社会期待和时代发展潮流，具有不可替代的重要意义。互办主题年已经成为中俄人文交流的优良传统，也是两国关系发展史上的特色和亮点，受到两国人民普遍欢迎。去年，我和普京总统商定2024—2025年举办“中俄文化年”。今天，双方正式启动这一文化盛事。双方将举办一系列丰富多彩的文化交流项目，进一步释放两国文化合作潜力，共同开创中俄文化交流的新未来。相信这将为中俄友好

① 摘自央广网：https://china.cnr.cn/news/20240519/t20240519_526710135.shtml。

② 摘自央广网：https://china.cnr.cn/news/sz/20240517/t20240517_526708306.shtml。

的世代传承、为两国人民的相知相亲注入新动力。

习近平指出，中俄两国民族音乐都是世界文明百花园中的绚丽花朵。今晚这场音乐盛宴必将成为中俄文化交流互鉴的精彩华章。让我们以“中俄文化年”为契机，以庆祝建交 75 周年为新起点，弘扬友好，携手前行，为中俄新时代全面战略协作伙伴关系增光添彩，共同开创中俄友好新的美好未来！

普京致辞表示，我完全赞同习近平主席关于俄中关系的积极评价。俄中两国人民亲如兄弟。今年是中华人民共和国成立 75 周年。俄罗斯人民为中国人民在中国共产党领导下取得的伟大成就感到由衷高兴和钦佩。俄中建交 75 年来，双方关系积累了很多宝贵经验，当前正处于历史最好时期。俄中关系基于相互尊重、平等互信，促进了各自国家发展，造福了两国人民，树立了国际关系典范。在俄中庆祝建交 75 周年之际举办“俄中文化年”活动具有重要象征意义。俄方愿同中方深化人文交流，增进彼此了解，推动两国合作不断提质升级。

两国元首共同欣赏由中俄两国艺术家联袂呈现的精彩文艺演出。

中俄各界友好人士约 1 000 人出席。

蔡奇、王毅、谌贻琴等参加。

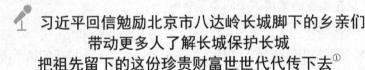

习近平回信勉励北京市八达岭长城脚下的乡亲们
带动更多人了解长城保护长城
把祖先留下的这份珍贵财富世世代代传下去①

央广网北京 5 月 16 日消息　据中央广播电视总台中国之声《新闻和报纸摘要》报道，中共中央总书记、国家主席、中央军委主席习近平 5 月 14 日给北京市延庆区八达岭镇石峡村的乡亲们回信，向他们致以诚挚问候并提出殷切期望。

习近平在回信中说，这些年你们自发守护长城、传承长城文化，并依托长城资源走上了致富路，我很高兴。

习近平强调，长城是中华民族的代表性符号和中华文明的重要象征，凝聚着中华

① 摘自央广网：https://china.cnr.cn/news/sz/20240516/t20240516_526706728.shtml。

民族自强不息的奋斗精神和众志成城、坚韧不屈的爱国情怀。保护好、传承好这一历史文化遗产，是我们共同的责任。希望大家接续努力、久久为功，像守护家园一样守护好长城，弘扬长城文化，讲好长城故事，带动更多人了解长城、保护长城，把祖先留下的这份珍贵财富世世代代传下去，为建设社会主义文化强国、推进中国式现代化贡献力量。

长城是我国现存规模最大的文化遗产。1984 年，邓小平、习仲勋等领导同志为首都一些单位发起的“爱我中华 修我长城”活动题词，激发了海内外中华儿女保护长城的热情。党的十八大以来，习近平总书记高度重视长城文化价值发掘和文物遗产传承保护工作，多次作出重要指示，指导推动长城国家文化公园建设。近日，北京市八达岭长城脚下的石峡村村民给习总书记写信，汇报自发参与长城保护工作和村里的发展变化等情况，表达继续守护长城、传承长城文化的决心。

《求是》杂志发表习近平总书记重要文章《全面深化改革开放，为中国式现代化持续注入强劲动力》[①]

央广网北京 5 月 16 日消息　据中央广播电视总台中国之声《新闻和报纸摘要》报道，5 月 16 日出版的第 10 期《求是》杂志发表中共中央总书记、国家主席、中央军委主席习近平的重要文章《全面深化改革开放，为中国式现代化持续注入强劲动力》。这是习近平总书记 2012 年 12 月至 2024 年 3 月期间有关重要论述的节录。

文章强调，改革开放是当代中国大踏步赶上时代的重要法宝，是决定中国式现代化成败的关键一招。党的十八届三中全会以来，全面深化改革取得历史性伟大成就。回顾这些年改革工作，我们提出的一系列创新理论、采取的一系列重大举措、取得的一系列重大突破，都是革命性的，开创了以改革开放推动党和国家各项事业取得历史性成就、发生历史性变革的新局面。

文章指出，坚持和发展中国特色社会主义，必须不断适应社会生产力发展调整生产关系，不断适应经济基础发展完善上层建筑。我们提出进行全面深化改革，就是要

① 摘自央广网：https://china.cnr.cn/news/sz/20240516/t20240516_526706729.shtml。

适应我国社会基本矛盾运动的变化来推进社会发展。改革开放只有进行时、没有完成时。改革开放也是有方向、有立场、有原则的。我们的方向就是不断推动社会主义制度自我完善和发展。实现新时代新征程的目标任务，要把全面深化改革作为推进中国式现代化的根本动力，作为稳大局、应变局、开新局的重要抓手，把准方向、守正创新、真抓实干，在新征程上谱写改革开放新篇章。

文章指出，推进中国式现代化，必须进一步全面深化改革开放，不断解放和发展社会生产力、解放和增强社会活力。党的二十大提出了一系列重大改革举措，这是党中央对新时代新征程全面深化改革作出的重大战略部署。要紧紧围绕全面建设社会主义现代化国家的目标，推出一批战略性、创造性、引领性改革，加强改革系统集成、协同高效，在重要领域和关键环节取得新突破。要谋划进一步全面深化改革重大举措，为推动高质量发展、推进中国式现代化持续注入强劲动力。要突出问题导向，着力解决制约构建新发展格局和推动高质量发展的卡点堵点问题、发展环境和民生领域的痛点难点问题、有悖社会公平正义的焦点热点问题，有效防范化解重大风险，不断为经济社会发展增动力、添活力。

丁薛祥出席全国高校毕业生等青年就业创业工作视频会议[①]

央广网北京 5 月 15 日消息　据中央广播电视总台中国之声《新闻和报纸摘要》报道，全国高校毕业生等青年就业创业工作视频会议 5 月 14 日在京举行。中共中央政治局常委、国务院副总理丁薛祥出席会议并讲话。

丁薛祥指出，党中央和国务院高度重视高校毕业生等青年就业创业工作。要深入学习贯彻习近平总书记重要指示精神，更加突出就业优先导向，千方百计促进高校毕业生就业，确保青年就业形势总体稳定。

丁薛祥强调，要持续挖潜拓宽高校毕业生就业渠道，帮助毕业生尽早实现就业。更大力度开拓市场化岗位，用足用好稳岗促就业政策，结合重大工程、重大项目、重大扩内需举措开发更多岗位。稳定并加快政策性岗位招录，规模上能扩尽扩，时间上

① 摘自央广网：https://china.cnr.cn/news/sz/20240515/t20240515_526705654.shtml。

能早尽早。组织实施好基层服务项目，鼓励毕业生到基层建功立业。

丁薛祥指出，要用心用情做好就业指导帮扶工作，持续开展就业观念教育，优化就业创业服务，推动人才供需有效适配，兜牢困难毕业生群体就业底线，依法依规严厉打击涉就业违法犯罪活动。

丁薛祥要求，各地各部门各高校要加强组织领导，强化责任落实，确保完成今年高校毕业生就业目标任务。

国务委员谌贻琴出席会议并讲话。人力资源社会保障部、教育部、吉林省人民政府、重庆市人民政府和中国农业大学主要负责同志，以及高校毕业生代表在会上发言。

习近平对学校思政课建设作出重要指示强调
不断开创新时代思政教育新局面
努力培养更多让党放心爱国奉献担当民族复兴重任的时代新人
丁薛祥出席新时代学校思政课建设推进会并讲话[①]

央广网北京5月12日消息　据中央广播电视总台中国之声《新闻和报纸摘要》报道，中共中央总书记、国家主席、中央军委主席习近平近日对学校思政课建设作出重要指示指出，党的十八大以来，党中央始终坚持把学校思政课建设放在教育工作的重要位置，党对思政课建设的领导全面加强，各级各类学校社会主义办学方向更加鲜明，思政课教师乐教善教、潜心育人的信心底气更足，广大青少年学生“四个自信”明显增强、精神面貌奋发昂扬，思政课发展环境和整体生态发生全局性、根本性转变。

习近平强调，新时代新征程上，思政课建设面临新形势新任务，必须有新气象新作为。要坚持以新时代中国特色社会主义思想为指导，全面贯彻党的教育方针，落实立德树人根本任务，坚持思政课建设与党的创新理论武装同步推进，构建以新时代中国特色社会主义思想为核心内容的课程教材体系，深入推进大中小学思想政治教育一体化建设。要始终坚持马克思主义指导地位，以中国特色社会主义取得的举世瞩目成就为内容支撑，以中华优秀传统文化、革命文化和社会主义先进文化为力量根基，把

① 摘自央广网：https://china.cnr.cn/news/sz/20240512/t20240512_526702586.shtml。

道理讲深讲透讲活，守正创新推动思政课建设内涵式发展，不断提高思政课的针对性和吸引力。要着力建设一支政治强、情怀深、思维新、视野广、自律严、人格正的思政课教师队伍。

习近平强调，各级党委（党组）要把思政课建设摆上重要议程，各级各类学校要自觉担起主体责任，不断开创新时代思政教育新局面，努力培养更多让党放心、爱国奉献、担当民族复兴重任的时代新人。

新时代学校思政课建设推进会 5 月 11 日在京召开。会上传达了习近平重要指示。中共中央政治局常委、国务院副总理丁薛祥出席会议并讲话。

丁薛祥在讲话中指出，要深入学习贯彻习近平总书记重要指示精神，牢牢把握教育的政治属性、战略属性、民生属性，把思政课建设作为党领导教育工作的重中之重，以新时代党的创新理论为引领，立足新时代伟大实践，不断推动思政课改革创新，确保党的事业和社会主义现代化强国建设后继有人。

丁薛祥强调，要紧扣新时代新征程教育使命，坚持思政课建设与党的创新理论武装同步推进，不断开创新时代思政教育新局面。加快构建以习近平新时代中国特色社会主义思想为核心内容的课程教材体系，推动党的创新理论最新成果入脑入心。充分发挥新时代伟大成就的教育激励作用，丰富思政课教学内容，讲好新时代故事，引导学生感悟党的创新理论的实践伟力。以“大思政课”拓展全面育人新格局，把思政小课堂和社会大课堂结合起来，推动学生更好了解国情民情，坚定理想信念。遵循教育规律，深入推进大中小学思想政治教育一体化建设，循序渐进、螺旋上升设计课程目标，贴近学生思想、学习和生活实际，让学生爱听爱学、听懂学会。加强思政课教师队伍建设，健全突出教学优先的评价体系，完善教师地位和待遇保障机制。各地各部门要扛起政治责任，狠抓工作落实，推动形成思政课建设的强大合力。

中央网信办、国家文物局、北京市、福建省、中国人民大学、复旦大学、东北师范大学附属中学、长沙市育英小学有关同志作交流发言。

李干杰、李书磊出席会议。

中央教育工作领导小组成员，各省区市和新疆生产建设兵团、中央和国家机关有关部门负责同志，优秀思政课教师代表等参加会议。

会前，丁薛祥到北京科技大学和北京市第一五九中学调研，了解思政课线上线下集体备课情况，听取思政课现场教学，与教师和学生交流。

李强主持召开国务院常务会议[①]

央广网北京5月12日消息　据中央广播电视总台中国之声《新闻和报纸摘要》报道，国务院总理李强5月11日主持召开国务院常务会议，研究有效降低全社会物流成本有关工作，审议通过《制造业数字化转型行动方案》，部署在全国全面实施三大粮食作物完全成本保险和种植收入保险政策，审议通过《公平竞争审查条例（草案）》和《国务院关于修改〈国家科学技术奖励条例〉的决定（草案）》。

会议指出，现代物流贯通一二三产业，联接生产和消费、内贸和外贸，降低全社会物流成本有利于提高经济运行效率。要进一步优化货物运输结构，大力发展多式联运，深化综合交通运输体系、铁路货运、商贸流通等改革，推进物流数智化发展、绿色化转型，补齐大宗商品物流、冷链物流、农村物流等短板，统筹推进物流成本实质性下降。

会议指出，制造业数字化转型是推进新型工业化、建设现代化产业体系的重要举措。要根据制造业多样化个性化需求，分行业分领域挖掘典型场景。加快核心技术攻关和成果推广应用，做好设备联网、协议互认、标准制定、平台建设等工作。要加大对中小企业数字化转型的支持，与开展大规模设备更新行动、实施技术改造升级工程等有机结合，完善公共服务平台，探索形成促进中小企业数字化转型长效机制。

会议指出，将三大粮食作物完全成本保险和种植收入保险的实施范围从产粮大县扩大至全国，有利于进一步稳定种粮农民收益，提升农业防灾减灾救灾能力。要强化部门协同，及时足额拨付保费补贴、加强资金监管，防止拖欠、截留、挪用补贴。要指导承保机构优化险种设计和理赔服务，确保一旦出险能够快速理赔、应赔尽赔，切实增强农民获得感。

会议审议通过《公平竞争审查条例（草案）》，指出公平竞争是市场经济的基本原

① 摘自央广网：https://china.cnr.cn/news/sz/20240512/t20240512_526702583.shtml。

则，是建设全国统一大市场的客观要求。要聚焦当前市场反映突出的问题，细化完善公平竞争审查规则，着力打破地区封锁和行业垄断，为各类经营者公平参与市场竞争营造良好环境。会议审议通过《国务院关于修改〈国家科学技术奖励条例〉的决定（草案）》。

会议还研究了其他事项。

第九节 其他题裁文章训练

1 拒绝平庸——燃烧的生命不应安于灰烬

平凡的沙子中蕴含着宝贵的黄金，平凡的泥土里培养出鲜活的生命，平凡的事业后矗立美丽的人生。

我们不必去羡慕明星的集万千宠爱于一身，不必去渴望政治家的纵横捭阖，不必去刻意追求荣华富贵。只要把握得好，平凡的人生也有不平凡的景致。袁隆平先生毕业后到农校任教，他不仅在课堂上认真教学，还会带领学生走出课堂，来到田间地头，从实践中找答案。他不满足于仅当一名合格的中专老师，还想在农业科研上搞出点名堂来。

在漫长的 18 年教学生涯中，他在教学中积累经验，又通过教学、科研相结合，创造出了许多农业科技成果。如今，袁隆平先生的杂交水稻不仅破解了中国粮食短缺难题，也为世界粮食安全作出了巨大贡献。一个平凡的教书匠，不囿于三尺讲台，放眼大地、放眼未来，种植梦想和希望，洒洒脱脱地书写了一个惠泽世界的大爱人生。

袁隆平先生惠泽世界的大爱，源自他不甘于平庸、不懈追求的精神。拥有一颗不甘于平庸的心，能创造出不平凡的人生。李素丽，一位平凡的售票员，用自己始终如一的微笑和热情的服务，给乘客留下了深刻的印象，因而被评为“全国劳动模范”；李平，一位平凡的下岗女工，在遭受下岗、离婚等一系列重创后，并没有对生活失去信心，反而勇敢地面对现实，通过不懈努力，最终创办了一家公司，并成了远近闻名的企业家……这些成功人士，都拥有一颗不甘平庸的心，并为之努力奋斗，从而取得了辉煌的成就。

拥有一颗不甘平庸的心，能让我们创造辉煌；而一颗安于平庸、不思进取的心，则会使我们一事无成。所以，拥有一颗不甘平庸的心是走向成功的关键。

然而，不是每个人都可以成为伟人，但每个人都可以成为内心强大的人。内心的强大，能够稀释一切痛苦和哀愁；内心的强大，能够有效弥补外在的不足；内心的强大，能够让你无所畏惧地走在大路上。

拒绝平庸，并不意味着一定要做出惊天动地的大事，而是要从点滴做起，从小事做起。比如，在学习上，我们不应该满足于课本上的知识，而应该积极阅读各种书籍，拓宽自己的知识面；在工作中，我们不应该只完成自己的本职工作，而应该积极主动地参与团队合作，提出自己的见解和建议；在生活中，我们不应该沉溺于琐碎的事务，而应该多关注社会热点，了解时事动态，拓宽自己的视野。

拒绝平庸，需要拥有一颗积极进取的心。只有不断地学习新知识，掌握新技能，才能跟上时代的步伐，不被社会所淘汰。同时，我们也需要勇于尝试新事物，挑战自我，不断地突破自己的舒适区，从而在人生道路上不断前行。

拒绝平庸，更需要拥有一份坚定的信念。在人生的旅途中，我们会遇到各种各样的困难和挫折，但只要我们坚定自己的信念，勇往直前，就一定能够战胜一切困难，实现自己的人生价值。

生命是一个个体的存在，但生命的意义却在于其内在的价值。只有拥有一颗不甘平庸的心，才能让我们的生命焕发出更加绚烂的光彩。让我们拒绝平庸，勇往直前，用自己的努力和智慧，创造出更加美好的未来！

在这个世界上，没有人能够完全避免平庸的侵蚀。然而，我们可以选择如何面对它。我们可以选择勇敢地挑战平庸，用我们的智慧和努力去创造属于自己的精彩人生。我们也可以选择消极地接受平庸，让自己的生活变得乏味而无趣。但我相信，每个人都希望自己的生活充满色彩和意义。

正如古人云：“志存高远，身经百战。”我们要拒绝平庸，首先要有高远的志向，明确自己的人生目标。然后，我们要有勇气和毅力去实现这些目标，即使面临再大的困难和挑战，也要坚持不懈，勇往直前。

在这个过程中，我们需要不断地学习和成长，提升自己的能力和素质。我们需要用知识和智慧来武装自己，以便更好地应对生活中的各种挑战。同时，我们也要学会珍惜身边的人和事，用一颗感恩的心去对待生活中的每一个瞬间。

拒绝平庸，是一种态度，更是一种行动。让我们从现在开始，用自己的努力和智慧去创造一个不平凡的人生吧！在这个充满机遇和挑战的时代，我们每个人都有机会成为那个闪耀的明星，只要我们敢于追梦，敢于挑战，敢于创新。记住，只有拒绝平庸，我们才能走向卓越，成就辉煌人生。

在未来的日子里，愿我们都能拥有一颗不甘平庸的心，勇敢地追求自己的梦想，不断地挑战自我，创造出一个更加美好的未来。让我们携手共进，共同谱写人生的华彩乐章！

回到原点

电影《让子弹飞》让人捧腹之余更予人一个耐人寻味的结尾，张麻子历经腥风血雨又重上马鞍，驰入山林。也许英雄的归宿终是草莽，电影的结局总是太蒙太奇，但我庆幸，英雄不是走回头路，他只不过是回到原点，只有那里才有刀光剑影，只有那里才有豪迈与洒脱。

回到原点，重返本真，重拾你的真性情。

难忘毕淑敏的一句话："额头上没有一丝皱纹的美人，怕血管里流动的都是水。"的确，生活在现代世界里的人们是不是已经忘记了自己不施粉黛的素颜，是不是已经遗漏了真性的原点？我们习惯于挤出不由衷的笑容，习惯于对化妆品和面具的依赖，殊不知，我们在遮掩岁月痕迹的同时生命最澎湃的热度也一同被抹去。

生命的原点在于个性的张扬，在于情感的表露，在于性格的突围。回到原点不是褪下成熟的外衣，而是撕掉不必要的包装；回到原点不是原始地退回，而是保留亦如婴儿般的本真，是在嘈杂的社会中寻回最初纯真的自我。

回到原点，是拥有另一种成熟的姿态。

从头再来，重拾本真，重拾你的真性情。

难忘张爱玲在《十八春》中的一句话：“我们再也回不去了！”对于张爱玲而言，这是绝望中低等凄婉的叹息，但对于我们而言，这却是一种回归本真的宣告。回到原点，不是放弃已走过的道路，不是放弃已有的经验教训，而是放下过重的包袱，追寻生命的本真。这是人生的一次大转折，是由波澜壮阔到宁静恬淡的转折，如同阴雨后的彩虹，绚丽又安详。

回到原点，不是要从头来过，也不是原地踏步，而是一种吐故纳新的状态，一种自我调节的过程，一种生命的再续与更新。只有当我们回归原点时，才能重拾本真，这样的原点，是我们踏上人生旅途的起点，也是我们卸下包袱重新开始的起点。

回到原点，是重寻一颗宁静而热情的心，是一段新旅程的起点。让我们以高昂的姿态，重新起航，去寻找更美好的人生风景。

回到原点，是寻找一种精神的坐标，是在纷繁复杂的社会中，找回最初纯真的自己，重新定位自己的人生方向。这样的原点，是我们精神的寄托，是我们不断前行的动力源泉。

在这个快节奏的时代，我们时常会被各种琐事所困扰，忘记了我们最初的梦想和追求。回到原点，就是要让我们重新审视自己的人生，找回那个最初的、纯真的、充满热情和梦想的自己。只有这样，我们才能在人生的道路上，不断前行，不断成长，不断创造属于自己的精彩人生。

回到原点，重拾本真，重新启航，这是每个人都需要经历的一个过程。让我们抛开过去的束缚，勇敢地走向未来，用自己的努力和智慧，去创造更加美好的人生。

当然，回到原点并非意味着要完全抛弃过去，而是要从中汲取经验教训，更好地面对未来。人生就像一条河流，有时只有逆流而上，回到源头，才能更好地领略沿途的风景，更深刻地理解生命的真谛。

在这个过程中，我们需要学会放下，放下那些过重的包袱和无谓的执着，让心灵得到真正的解脱。同时，我们也需要学会珍惜，珍惜身边的人和事，珍惜每一个与原点相遇的瞬间，因为这些瞬间将成为我们人生中最宝贵的财富。

回到原点，重拾本真，重新启航，让我们勇敢地面对未来，去追寻那个最初的、纯真的、充满热情和梦想的自己。在这个充满无限可能的世界里，让我们一起创造属于自己的精彩人生！

在纷繁复杂的社会里，我们时常迷失方向，不知道自己真正想要的是什么。回到原点，就是让我们找回那个最初的自己，那个对梦想充满热情和执着的自己。只有当我们真正了解自己，才能找到属于自己的道路，才能在人生的旅途中不断前行。

回到原点，不仅仅是一个行动，更是一种态度，一种对生活的热爱和追求。让我们在回到原点的过程中，重新审视自己的人生，重新定义自己的价值观，以更加坚定的步伐走向未来。

此外，回到原点也意味着不断学习和成长。当我们回到原点，重新审视自己的人生经历时，我们会发现自己的不足和缺陷。这时，我们需要保持开放的心态，积极学习和成长，不断提升自己的能力和素质。只有这样，我们才能更好地面对未来的挑战，创造更加美好的人生。

回到原点，重拾本真，重新启航，这不仅仅是一个口号，更是一种行动和信仰。让我们一起践行这个理念，找回那个最初的自己，用自己的努力和智慧去创造属于自己的精彩人生！

最后，我想说，回到原点并不是一件容易的事情。它需要我们放下过去的包袱，勇敢面对未来的挑战。但是，只有当我们真正回到原点时，才能找到那个最初的自己，才能在人生的道路上不断前行。让我们一起努力，回到原点，重拾本真，重新启航！

生活在这个繁华的世界里，我们时常被各种诱惑所迷惑，忘记了那个纯真的自己。回到原点，重拾本真，就是让我们找回最初的梦想和热情，以更加坚定的信念走向未来。让我们一起，回到原点，开启新的人生旅程！

而且，回到原点也是一种自我疗愈的过程。在人生的旅途中，我们难免会受到挫折和伤害，这些经历可能会让我们变得疲惫和迷茫。而回到原点，可以让我们重新审视自己的内心，找回内心的平静和力量。通过回到原点，我们可以重新发现自己的价值和意义，重新找回自信和勇气，以更加积极的态度面对未来的挑战。

回到原点，重拾本真，重新启航，这不仅是一次内心的回归，更是一次精神的升华。在这个过程中，我们需要学会倾听内心的声音，需要勇敢地面对自己的不足和缺陷，需要积极地寻求改变和进步。只有这样，我们才能真正回到原点，找回那个最初的、纯真的自己，才能在人生的道路上继续前行，创造更加美好的未来。

总之，回到原点是一种内心需求和精神追求，它让我们重新审视自己的人生，找回那个最初的自己，以更加坚定的信念和热情走向未来。让我们一起践行这个理念，回到原点，重拾本真，重新起航，创造属于自己的精彩人生！

难忘父亲那双眼

从记事起，我就与“老家”这个词无缘。在我仅有的对老家的记忆里，也只有低矮的土房和房前那几棵似乎永远也长不高的橘树，当然，还有一双眼睛，一双深沉、含笑的眼睛。

那是我父亲的眼睛。

父亲身材高大，旧时的农民装束总掩不住他的高大与健硕，给我印象最深的就是他的眼睛——那是怎样的一双眼睛啊，尽管深沉，却总有几丝笑意盈盈。小时候，我每每犯错，总是先偷看父亲的眼神，如果眼神依旧和蔼，我就长长地舒一口气，知道自己这次可以全身而退；而一旦发现那双眼里藏有责备，我便会不等他发作，先“哇”地一声哭出来，每每这时，父亲就会无奈地摇摇头，眼里又会增添几丝笑意，仿佛在说：“你这个小淘气啊……”

父亲是个地地道道的农民，日出而作，日落而息，整天忙碌在田间地头，却总也忘不了在回家的路上，给我带回几枝甜甜的甘蔗或几个酸酸的橘子。那时的我并不知道，父亲每次回家前总是要先到水果店，精心地为我挑选出最好的水果。有一次，他在半路遇上暴雨，回来时已是泥泞满身，衣服也被雨水淋透了，而裹在他怀里的橘子却安然无恙……

那时的我并不知道父亲眼中那抹笑意背后的含义，更不知道他为给我带回水果，要绕多远的路，又要在泥泞的土路上走多久。我只知道，父亲带回的水果真甜啊，甜到了我的心里。

后来，我离开了故乡，也离开了父亲。我学习的任务渐渐加重，与父亲的联系也越来越少，甚至有时候与他打电话也只是匆匆聊几句就挂断了，我更加不知道父亲眼中的笑意是否依旧。

假期里，我坐着长途汽车回到了故乡。一进家门，见到父亲，我惊喜地大叫一声“爸”，然后紧紧地抱住了他。父亲也紧紧地抱住了我，然后双手扶着我的肩，仔细地端详着我，我也看着父亲，蓦然发现他的眼角已爬上了几道浅浅的鱼尾纹，头上的黑发也渐渐稀疏了，里面夹杂着越来越多的银丝……多年不见，父亲明显地老了，但在他看我的眼神里，我却仍读出了几许笑意盈盈，那笑里，有重逢的喜悦，也有对我的无比怜爱。

那一刻，我鼻子一酸，眼泪几乎要夺眶而出，但我终究还是忍住了，只是默默地转过身，走进房里，取出一盒从异地带来的父亲最爱吃的牛肉干，默默地递给他。

晚上，当我在床上辗转反侧、难以入眠时，我突然听到房门外有轻微的脚步声，我悄悄地打开门，一个熟悉的身影映入眼帘——是父亲！他正蹑手蹑脚地往我房间里走，手里提着一个袋子。我小声地问：“爸，这么晚了，你来我房间干什么？”父亲没想到我会突然出现，明显吓了一跳，他忙不迭地站定，将手里的袋子藏到了背后。我疑惑地看着他，他有点尴尬地笑了笑，说：“我……我就是来看看你，你早点睡吧。”

说完，他似乎想快点逃离这个“是非之地”，我却一把拉住了他，然后从他背后拿出了那个袋子，打开一看，顿时惊呆了——那不是我白天给他的牛肉干吗？他怎么又拿来给我了呢？

父亲见我执意追问，有点不好意思地说：“我觉得那牛肉干……太硬了……我牙不好，吃不了，还是你吃吧……”我愣住了，握着那块牛肉干，久久地，泪水模糊了我的双眼。我紧紧地抱住父亲不愿松手，父亲也紧紧地抱着我，用他那双粗糙的大手轻轻地抚摸着我的头，那一刻，我清晰地感觉到父亲的手也在颤抖。

夜已深了，月亮也悄悄爬上了枝头，皎洁的月光透过窗户，温柔地照在我和父亲的身上，也照在父亲含笑的眼睛上，那眼睛，在月光的映照下，更加明亮、清澈了。

曾听过这样一句话：“总有一种付出，是心甘情愿，却又不求回报；总有一种深情，无时无刻不在为你牵挂，却又不言不语……这种爱，就叫父爱。”我不知道，父亲是否也曾感受过我对他深深的爱，但我知道，我永远也无法回报他对我的深情。可是，父亲并不需要我的回报，他需要的只是我的快乐和健康成长。

父亲的爱，像一泓清泉，滋润着我干涸的心田；父亲的爱，又像一缕阳光，让我在黑暗中找到光明；而父亲那双含笑的眼睛，更是我的力量之源，让我在前进的道路上，始终充满信心，勇往直前！

如今，父亲那双含笑的眼睛依然深深地印在我的脑海里，成为我永远的记忆。我想，无论我走到哪里，无论我遇到什么困难，只要想起父亲那双含笑的眼睛，我就拥有了无穷的力量，敢于去面对生活中的一切挑战！

难忘父亲那双眼，它让我读懂了父爱的深沉与伟大，更读懂了人生的意义与价值。在未来的日子里，我会一直铭记父亲的教诲，用我的努力和成功，去回报他那份无私而伟大的爱！

春日的温暖

春天又来了，世间万物苏醒了，一切都充满了生机。繁花似锦，莺歌燕舞，春天的气息无处不在。然而，在这个充满生机的季节里，我心中却总萦绕着一份淡淡的哀愁，那是对母亲的深深怀念。

母亲总是那么温柔，她的笑容如同春日的阳光，温暖而不刺眼。我记得小时候，每当春天来临，母亲总会带我去郊外踏青。那时的我，总是兴高采烈地奔跑在花丛中，捕捉蝴蝶，采摘野花，而母亲则在一旁静静地看着，脸上洋溢着幸福的笑容。

那时的我，并不懂得母爱的深沉。如今回想起来，那些温馨的画面却成了我心中最珍贵的回忆。母亲的爱，如同春日的阳光，无声无息地照耀着我成长的道路，给予我无尽的温暖和力量。

然而，时光荏苒，母亲已经离我而去。每当春天来临，我总会不由自主地想起那些和母亲一起度过的美好时光。那些回忆，如同春日的繁花，在我心中绽放出无尽的思念。

如今，我独自漫步在春日的郊外，看着花开花落，听着鸟鸣水声，心中充满了对母亲的怀念。我想，如果母亲还在，她一定会和我一起欣赏这春日的美景，一起分享生活的点滴。可惜，这一切只能成为我心中永远的遗憾。

尽管如此，我仍然感激母亲给予我的一切。她的爱，如同春日的阳光，永远照耀在我心中。每当我遇到困难时，我总会想起母亲那温暖的笑容和鼓励的话语。那些回忆，如同春日的繁花，给予我无尽的勇气和力量。

在这个春日的午后，我坐在长椅上，闭上眼睛，感受着春风的轻拂。我想象着母亲就坐在我身边，和我一起感受着这春日的温暖。那一刻，我仿佛感受到了母亲的存在，她的爱如同春日的阳光，永远陪伴在我身边。

我懂得，母爱如同春日的阳光，虽然看不见、摸不着，但它却无处不在，温暖着我们的心灵。它让我们学会珍惜、学会感恩、学会坚强。在这个充满生机的季节里，让我们一起怀念那些曾经给予我们无私关爱的母亲们吧！

现在，我更加珍惜与身边人的相处时光。每当看到亲友们的笑容，听到孩子们的欢声笑语，我都会想起母亲那温暖的笑容和无私的爱。那些美好的回忆，如同春日的阳光温暖着我的心房，让我明白生命的可贵和亲情的无价。

在这个充满生机的春天里，我不仅要怀念过去的美好时光，更要珍惜现在的每一刻。我要将母亲的爱传递下去，用我自己的方式去关爱身边的人，让他们也感受到春日的温暖和母爱的伟大。

春日的阳光照耀着大地，万物复苏，生机勃勃。在这个美好的季节里，让我们一起感受母爱的温暖与力量吧！无论我们走到哪里，母爱都是我们最坚实的依靠和最温暖的港湾。愿我们都能珍惜这份来之不易的情感，将母爱的光辉传承下去，让更多的人感受到春日的温暖和美好。

如今，我已长大成人，但我依然时常想起那个温暖的春天，和母亲一起度过的快乐时光。那些回忆仿佛是一笔宝贵的财富，让我在人生的道路上不再孤单。

母爱如同春日的阳光，它无私、温暖、恒久不变。在这个充满生机的季节里，让我们一起感恩母爱、传颂母爱、珍视母爱吧！愿每一个孩子都能在母爱的照耀下茁壮成长，愿每一位母亲都能感受到孩子们真挚的感激与敬爱。

在这个春日的午后，我再次闭上眼睛，感受着春风的轻拂和阳光的温暖。我知道，无论时光如何流转，母爱都将永远陪伴在我身边，给予我无尽的勇气和力量。而我，也将带着这份温暖和力量，勇敢地面对未来的挑战和人生风雨。

第五章

喉——声音的物理之源

第一节 喉的结构和制声机理

一、喉的结构

喉是一个复杂的结构，主要由软骨、肌肉、声带等组成。

1. 软骨

喉的软骨包括甲状软骨、环状软骨、会厌软骨及一对杓状软骨。甲状软骨是最大的喉软骨，由两块四边形的透明软骨板构成，形成了喉结。环状软骨位于甲状软骨下方，它包围着喉部并支撑杓状软骨。杓状软骨则对发声过程中的声带运动起到关键作用。

2. 肌肉

喉的肌肉分为喉内肌和喉外肌，它们协同控制声带的运动和张力，从而调节声音的产生。

3. 声带

声带是喉最重要的组成部分之一，负责产生声音。它们位于喉部的中心，是两片弹性的组织，通过振动来产生声音。

4. 喉腔

喉腔是声带振动产生声音的共鸣腔，其形状和大小对发出的声音有重要影响。

二、人体喉部制声机理

（一）声音的产生

气息由下向上的定向输送过程中，声带产生了“开—闭—开—闭”的周而复始连续开闭的高速运动，声带振动，空气产生了“疏—密—疏—密”的变化，声波就此形成。

（二）声音的变化

喉在发声过程中起着核心作用，它影响声音的四个主要属性：音高、音强、音长和音色。

1. 音高的变化

音高及其变化，是指基音的频率及其变化。在保证音色和谐的前提下，人们支配自己的音调发生高低变化的能力范围，在艺术发声中称为“音域”，声乐中称为“音阶”。音域的宽窄，是发声能力的重要标志之一。

音高主要由声带的振动频率决定。喉部肌肉通过调节声带的张力和长度来改变其振动频率，从而产生不同的音高。例如，当声带张力增加时，振动频率提高，产生更高的音高。

2. 音强的变化

音强的变化是指声音的强弱及其变化。音强即声音的响度，与声带的振动幅度有关。喉部肌肉可以通过调节声带的振动幅度来控制音强。当声带振动幅度增大时，产生的声音更响。

3. 音色的变化

音色是指在相同音高和相同音量的前提下，一种声音所具有的本质性征，包括两个具体概念（语音音色和嗓音音色）和一个相关概念（声音色彩）。

音色受喉部形状、声带质地及共鸣腔的影响。喉部的结构和功能共同决定了声音的音色。例如，喉腔的形状和大小会影响声音的共鸣特性，进而改变音色。

4. 音长的变化

音长是指声音持续的时间。音长的变化是由声带振动时间长短决定的，与声带振动的状态并无直接关系。喉通过控制呼吸和声带的持续振动来影响音长。深呼吸和稳定的声带振动可以产生更长的音长。

第二节 喉控制的要领

一、喉头保持相对稳定

喉头位置的调整是通过对喉外肌的控制来实现的，下面讲一些具体的步骤和方法[①]。

1. 有意提起和降下喉头

通过反复地有意提起和降下喉头，可以训练喉头的灵活性，使其能够更加自如地移动。

2. 用手指弹击甲状软骨板

使用手指轻轻弹击甲状软骨板，可以帮助确定喉头的基准位置。这一步骤对于后续训练喉头的垂直位移非常重要，因为它为训练提供了一个中心点。

3. 注意发音时喉头的移动

在发音时，舌位的高低、前后及口腔的开合都会影响到喉头的位置。例如，当发出舌位偏高或偏前的元音时，喉头往往会自然上提。相反，在舌位偏低或偏后的情况下，喉头则会自然下降。

因此，在发音过程中要密切注意喉头的位置变化，并通过调整舌位和口腔形状来有意识地控制喉头的位置。

二、喉头相对放松

在有声语言表达中，要使喉头做到相对放松，可以尝试采取以下方法。

1. 调整身体姿态

保持正确的坐姿或站姿，使身体处于放松状态。避免过度紧绷或扭曲身体，以减

① 调整喉头位置需要通过反复练习和精细的控制来实现。

少对喉部的压力。

2. 胸部放松

喉头紧张往往与胸部紧绷有关，因此，首先要放松胸部，使喉结的下方呈现很松很空的状态，这有助于降低喉部的紧张度。

3. 活动喉部（结）

在胸部放松的基础上，尝试让喉部（结）在最自然的状态下上下活动。这种活动不应由其他任何部位施加外力，也不应带动其他部位的紧张。通过自如地活动喉部（结），有助于放松。

4. 稳定喉结

当喉结能够自如活动后，尝试让它在下方停留一会儿，然后再放松活动。通过逐步延长停留时间，可以帮助喉结在自然状态下保持稳定，从而减少紧张感。

5. 采用正确的发声方法

在有声语言表达时，使用胸腹式联合呼吸，以减轻喉部的负担。同时，避免用嗓过度或滥用嗓音，以保护喉部的健康。也可尝试通过共鸣腔体（如胸腔、口腔等）来放大声音，而不是单纯依赖喉部发声。这不仅可以减轻喉部负担，还能使声音更加洪亮、悦耳。

6. 日常护理与练习

定期进行科学的喉部按摩，以缓解喉部肌肉的紧张感。通过降低说话声音、发气泡音等方法来放松嗓子。这些简单的动作可以帮助缓解喉部压力，使其保持放松状态。也可进行有针对性的练习，如哼鸣练习。这些练习可以使喉部肌肉得到锻炼，提高其灵活性和耐力。

三、喉控制与呼吸控制、口腔控制配合

在发声过程中，具有特定强度和流量的气流受控地穿越喉部的声门。由于声门的不同控制状态，声带会经历松紧度和厚度的动态调整，这种调整直接影响了声带的振动频率，进而产生了具有不同频率和音色的喉原音。这些喉原音随后穿越咽腔，进入口腔。在口腔内，各种咬字器官对这些原始音进行精细的调节与控制，这一过程称为

“节制”。

正是经过这一系列复杂的生理调控，喉原音最终转化为携带特定意义的语音信号，得以向外传递。在这一复杂的过程中，声门的控制状态、声带的物理特性变化，以及口腔内咬字器官的节制作用，共同塑造了语音的多样性和表达力。

四、注意克服不良发声习惯和动作

不良发声习惯往往与发声者的心理状态紧密相连。发声者在紧张、焦虑或缺乏自信等心理状态下，其发声方式可能受到影响，导致声音质量不佳，甚至可能对发声器官造成潜在损害。

发声时对喉部控制的不当动作，如频繁地清嗓或过度挤压喉部，可能对喉部组织造成直接伤害，并干扰声音的流畅性和自然度。从生理学角度来分析，这些不良动作会扰乱喉部肌肉的正常功能，进而影响声带的振动模式和声音的音质。

第三节 嗓音训练与保护

一、加强基本功能训练，提高喉的发声能力

在进行发声能力锻炼之前，应首先认识自己的嗓音条件，其中至关重要的是声音类型的确定。在对声音类型有所认识的基础上，可以进行提高喉的发声能力的训练。

1. 深呼吸训练

深呼吸练习，增加肺活量，提高呼吸控制能力。建议每天进行几次深呼吸，逐渐扩大呼吸幅度和延长呼吸时间，以保持呼吸的均匀和稳定。

2. 喉放松与声带锻炼

（1）进行吞咽动作、张口呵气等放松练习，帮助喉保持放松状态。

（2）进行音高练习，从低音到高音，保持声音的稳定和平滑。

（3）喉头按摩，轻轻按压喉结局部，以帮助声带松弛。

3. 发声与口腔训练

发声训练包括：通过发出不同音调和音高的声音来训练发声技巧；进行各种音节的练习，以提高发音的准确性和清晰度。

口腔训练包括：舌头的上下左右运动、唇部的拉伸等，以提高声音的清晰度和音色的明亮度。

二、嗓音保护

嗓音保护，指的是积极的保护，是在使用中的保护。一定要养成科学的用声习惯，避免使声音过于明亮，不要追求虚声，防止用声偏高或偏低，以及不适当地长时间加大音量，过长时间用声。

1. 保持充足的水分摄入

用嗓较多的人群应多喝水，保证咽喉部处于湿润状态。每天至少饮水 1 500 mL。

2. 调整饮食习惯

选择清淡的饮食，避免辛辣、刺激的食物，如辣椒、生姜等，不饮酒、不抽烟，以免加重咽喉损伤。避免摄入过冷、过热的食物，如冰激凌、火锅等，以减少对咽喉的刺激。

3. 正确发声与避免过度用嗓

放松颈部和下巴，使用胸腹式联合呼吸法，避免发声方式错误造成声带损伤。避免大喊大叫，把握好音调，不可过度用嗓。

4. 注意休息与恢复

当说话时间过久或感到疲劳时，需要声休或进行喉部按摩。发气泡音有助于嗓子的恢复。

第四节 训练材料

寓言故事一：聪明的公鸡

一天，一只公鸡在田野里为自己和母鸡们寻找食物。当他找到了一块美味的食物后，突然，一只狐狸从树丛中跳出来，想要抢走食物。

公鸡一眼就识破了狐狸的企图，但他并不惊慌。他微笑着对狐狸说："你看，远处有一群猎狗正朝这边跑来，你最好还是快跑吧，否则他们会抓住你的。"

狐狸一听，吓得立刻逃跑了。公鸡凭借自己的智慧和冷静，成功地保护了自己和母鸡们的食物。

寓言故事二：狼和小羊

狼来到小溪边，看见小羊在那儿喝水。狼想吃小羊，就故意找碴儿，说："你把我喝的水弄脏了！你安的什么心？"

小羊吃了一惊，温和地说："我怎么会把您喝的水弄脏呢？您站在上游，水是从您那儿流到我这儿来的，不是从我这儿流到您那儿去的。"

狼气坏了，又编了个理由："你还骂过我，使我丢脸。"小羊说："我从来没有骂过您呀！""你别耍赖！"狼说，"我就知道你不会承认。我一向都非常注意你的言行，你不但骂过我，还骂过我的亲戚朋友。反正都一样，你的罪行不能轻饶。"

狼不想再争辩了，龇着牙，逼近小羊，大声嚷道："你这个小坏蛋！骂我的不是你就是你爸爸，反正都一样。"说着就往小羊身上扑去。

寓言故事三：掉入井里的狐狸和公山羊

深井里住着一只狐狸。一天，一只口渴的公山羊来到井边，发现狐狸在井下，便问他井水好不好喝。狐狸觉得机会来了，心中暗喜，极力赞美井水好喝，说这水是天下第一泉，清甜爽口，并劝公山羊赶快下来，与他痛饮。

一心只想喝水的公山羊，便不假思索地跳了下去，当他咕咚咕咚痛饮完后，就不得不与狐狸一起共商上井的办法。狐狸早有准备，他狡猾地说："我倒有一个方法。你用前脚扒在井墙上，再把角竖直了，我从你后背跳上井去，再拉你上来，我们就都得救了。"

公山羊同意了他的提议，狐狸踩着他的后脚，跳到他背上，然后再从角上用力一跳，跳出了井口。狐狸上去以后，准备独自逃离，公山羊指责狐狸不信守诺言。狐狸回过头对公山羊说："喂，朋友，你的头脑如果像你的胡须那样完美，你就不至于在没看清出口之前就盲目地跳下去。"

寓言故事四：徒劳的寒鸦

宙斯想要为鸟类立一个王，指定一个日期，要求众鸟全都按时出席，以便选他们之中最美丽的为王。众鸟都跑到河里去梳洗打扮。寒鸦知道自己没一处漂亮，便来到河边，捡起众鸟脱落下的彩羽，小心翼翼地全插在自己身上，再用胶粘住。

指定的日期到了，所有的鸟都一齐来到宙斯面前。宙斯一眼就看见了花花绿绿的寒鸦，因为寒鸦在众鸟之中显得格外漂亮，于是宙斯准备立他为王。众鸟十分气愤，纷纷从寒鸦身上拔下属于自己的羽毛。于是，寒鸦身上美丽的羽毛一下全没了，又变成了一只丑陋的寒鸦了。

寓言故事五：蚂蚁与屎壳郎

夏天，别的动物都悠闲地生活，只有蚂蚁在田里跑来跑去，搜集小麦和大麦，给自己储存冬季吃的食物。屎壳郎惊奇地问他为何这般勤劳，蚂蚁当时什么也没说，只是笑了笑。

夏天过去了，冬天的饥荒来了。屎壳郎走到蚂蚁那里乞讨食物。蚂蚁对他说："喂，伙计，如果当时在我劳动时，你不是批评我，而是也去做工，现在就不会忍饥挨饿了。"

再别康桥

徐志摩

轻轻的我走了，
正如我轻轻的来；
我轻轻的招手，
作别西天的云彩。

那河畔的金柳，
是夕阳中的新娘；
波光里的艳影，
在我的心头荡漾。

软泥上的青荇，
油油的在水底招摇；
在康河的柔波里，
我甘心做一条水草！

那榆荫下的一潭，
不是清泉，是天上虹；
揉碎在浮藻间，
沉淀着彩虹似的梦。

寻梦？撑一支长篙，
向青草更青处漫溯；
满载一船星辉，
在星辉斑斓里放歌。

但我不能放歌，
悄悄是别离的笙箫；
夏虫也为我沉默，
沉默是今晚的康桥！

悄悄的我走了，
正如我悄悄的来；
我挥一挥衣袖，
不带走一片云彩。

沁园春·雪

毛泽东

北国风光，千里冰封，万里雪飘。
望长城内外，惟余莽莽；大河上下，顿失滔滔。
山舞银蛇，原驰蜡象，欲与天公试比高。
须晴日，看红装素裹，分外妖娆。
江山如此多娇，引无数英雄竞折腰。
惜秦皇汉武，略输文采；唐宗宋祖，稍逊风骚。
一代天骄，成吉思汗，只识弯弓射大雕。
俱往矣，数风流人物，还看今朝。

雨巷

戴望舒

撑着油纸伞，独自
彷徨在悠长、悠长
又寂寥的雨巷，
我希望逢着

一个丁香一样地
结着愁怨的姑娘。

她是有
丁香一样的颜色，
丁香一样的芬芳，
丁香一样的忧愁，
在雨中哀怨，
哀怨又彷徨；

她彷徨在这寂寥的雨巷，
撑着油纸伞
像我一样，
像我一样地
默默彳亍着
寒漠、凄清，又惆怅。

她默默地走近，
走近，又投出
太息一般的眼光
她飘过
像梦一般地，
像梦一般地凄婉迷茫。

像梦中飘过
一枝丁香地，
我身旁飘过这女郎；

她静默地远了，远了，
到了颓圮的篱墙，
走尽这雨巷。

在雨的哀曲里，
消了她的颜色，
散了她的芬芳，
消散了，甚至她的
太息般的眼光，
丁香般的惆怅。

撑着油纸伞，独自
彷徨在悠长、悠长
又寂寥的雨巷，
我希望飘过
一个丁香一样地
结着愁怨的姑娘。

春[①]

朱自清

盼望着，盼望着，东风来了，春天的脚步近了。

一切都像刚睡醒的样子，欣欣然张开了眼。山朗润起来了，水涨起来了，太阳的脸红起来了。

---

① 本文发表于 1933 年 7 月，当时朱自清刚刚结束欧洲漫游回国，与陈竹隐女士缔结美满姻缘，而后喜得贵子，同时出任清华大学中国文学系主任，可以说是好事连连，春风得意。在这篇文章中，他鲜明地表现出新鲜的格调和欢乐的情绪，“早春野景”使他的梦的世界走向了一个开阔、蓬勃的境地，突出地展示了他要在春天的引领下“上前去”的人生信念。

小草偷偷地从土里钻出来，嫩嫩的，绿绿的。园子里，田野里，瞧去，一大片一大片满是的。坐着，躺着，打两个滚，踢几脚球，赛几趟跑，捉几回迷藏。风轻悄悄的，草软绵绵的。

桃树、杏树、梨树，你不让我，我不让你，都开满了花赶趟儿。红的像火，粉的像霞，白的像雪。花里带着甜味儿；闭了眼，树上仿佛已经满是桃儿、杏儿、梨儿。花下成千成百的蜜蜂嗡嗡地闹着，大小的蝴蝶飞来飞去。野花遍地是：杂样儿，有名字的，没名字的，散在草丛里，像眼睛，像星星，还眨呀眨的。

“吹面不寒杨柳风”，不错的，像母亲的手抚摸着你。风里带来些新翻的泥土的气息，混着青草味儿，还有各种花的香，都在微微润湿的空气里酝酿。鸟儿将窠巢安在繁花嫩叶当中，高兴起来了，呼朋引伴地卖弄清脆的喉咙，唱出宛转的曲子，与轻风流水应和着。牛背上牧童的短笛，这时候也成天在嘹亮地响。

雨是最寻常的，一下就是三两天。可别恼。看，像牛毛，像花针，像细丝，密密地斜织着，人家屋顶上全笼着一层薄烟。树叶儿却绿得发亮，小草也青得逼你的眼。傍晚时候，上灯了，一点点黄晕的光，烘托出一片安静而和平的夜。乡下去，小路上，石桥边，有撑起伞慢慢走着的人；还有地里工作的农夫，披着蓑，戴着笠的。他们的草屋，稀稀疏疏的，在雨里静默着。

天上风筝渐渐多了，地上孩子也多了。城里乡下，家家户户，老老小小，他们也赶趟儿似的，一个个都出来了。舒活舒活筋骨，抖擞抖擞精神，各做各的一份事去，“一年之计在于春”；刚起头儿，有的是工夫，有的是希望。

春天像刚落地的娃娃，从头到脚都是新的，他生长着。

春天像小姑娘，花枝招展的，笑着，走着。

春天像健壮的青年，有铁一般的胳膊和腰脚，领着我们上前去。

海燕

高尔基

在苍茫的大海上，狂风卷集着乌云。在乌云和大海之间，海燕像黑色的闪电，在高傲地飞翔。

一会儿翅膀碰着波浪，一会儿箭一般地直冲向乌云，它叫喊着，——就在这鸟儿勇敢的叫喊声里，乌云听出了欢乐。

在这叫喊声里——充满着对暴风雨的渴望！在这叫喊声里，乌云听出了愤怒的力量、热情的火焰和胜利的信心。

海鸥在暴风雨来临之前呻吟着，——呻吟着，它们在大海上飞窜，想把自己对暴风雨的恐惧，掩藏到大海深处。

海鸭也在呻吟着，——它们这些海鸭啊，享受不了生活的战斗的欢乐：轰隆隆的雷声就把它们吓坏了。

蠢笨的企鹅，胆怯地把肥胖的身体躲藏到悬崖底下……只有那高傲的海燕，勇敢地，自由自在地，在泛起白沫的大海上飞翔！

乌云越来越暗，越来越低，向海面直压下来，而波浪一边歌唱，一边冲向高空，去迎接那雷声。

雷声轰响。波浪在愤怒的飞沫中呼叫，跟狂风争鸣。看吧，狂风紧紧抱起一层层巨浪，恶狠狠地把它们甩到悬崖上，把这些大块的翡翠摔成尘雾和碎末。

海燕叫喊着，飞翔着，像黑色的闪电，箭一般地穿过乌云，翅膀掠起波浪的飞沫。

看吧，它飞舞着，像个精灵，——高傲的、黑色的暴风雨的精灵，——它在大笑，它又在号叫……它笑那些乌云，它因为欢乐而号叫！

这个敏感的精灵，——它从雷声的震怒里，早就听出了困乏，它深信，乌云遮不住太阳，——是的，遮不住的！

狂风吼叫……雷声轰响……

一堆堆乌云，像青色的火焰，在无底的大海上燃烧。大海抓住闪电的箭光，把它们熄灭在自己的深渊里。这些闪电的影子，活像一条条火蛇，在大海里蜿蜒游动，一晃就消失了。

——暴风雨！暴风雨就要来啦！

这是勇敢的海燕，在怒吼的大海上，在闪电中间，高傲地飞翔；这是胜利的预言家在叫喊：

——让暴风雨来得更猛烈些吧！

第六章

共鸣——声音的扩大与美化

第一节 有声语言表达的共鸣及分类

1. 有声语言表达的共鸣的概念

一个物体振动发声，引起另一个物体的振动，使之产生共振的现象，被称为共鸣。有声语言表达的共鸣是指在有声语言表达过程中，演讲者、朗诵者或其他表达者通过运用不同的共鸣方式，使声音产生更加丰富、立体和动人的效果。共鸣在这里不仅仅是一种声音技巧，更是一种情感传递和艺术表现的手段。

2. 有声语言表达共鸣的分类

“腔”指人和动物体内的空处，如胸腔、腹腔等。这一意义源自其字形构造，从“肉”从“空”，“空”亦声，是一个会意兼形声字。在《康熙字典》中，“腔”的解释为“内空也”，与现代汉语中的解释基本一致，强调了其表示空腔、空间的意义。

在有声语言表达中，共鸣通常涉及胸腔共鸣、口腔共鸣、鼻腔共鸣和头腔共鸣等多种方式。这些共鸣方式的灵活运用，可以帮助表达者根据文本内容和情感需要，调整语音的物理属性，从而创造出恰当的声音氛围，更好地传达信息和情感。

在有声语言表达中，主要的共鸣方式包括以下几种：

胸腔共鸣：这是基础共鸣方式，为声音提供浑厚、深沉的底色。通过训练和调节，可以使声音更加有力和富有弹性。

口腔共鸣：在有声语言表达中，口腔共鸣是主要的共鸣方式。它能够使声音更加清晰、明亮，并增强语言的表现力。通过调整唇齿位置和发音方式，可以优化口腔共鸣效果。

鼻腔共鸣：鼻腔共鸣能够为声音增添一种柔和、细腻的质感。在表达某些情感或描述特定场景时，鼻腔共鸣的运用可以起到画龙点睛的作用。

头腔共鸣：头腔共鸣有助于提升声音的穿透力和高亢度，特别适合表达激昂、高昂的情绪。通过感觉声音在头顶部的共振，可以更好地掌握头腔共鸣的技巧。头腔共鸣在有声语言表达中的使用频率最低。

有声语言表达采用以口腔共鸣为主、以胸腔共鸣为基础的声道共鸣方式。

第二节 共鸣在有声语言表达中的作用

在有声语言表达与传播中，共鸣扮演着举足轻重的角色，其作用主要体现在两个方面：美化声音与扩大音量。

第一，共鸣对于声音的美化有着显著效果。当声带振动产生的声音在共鸣腔体中回荡时，会激发出泛音。这些泛音与声带直接发出的声音相互叠加，形成一种复合音，即复音。这种复音的产生，不仅能够丰富声音的层次感和色彩，还能使声音显得更加洪亮、丰满。同时，通过共鸣的调整，声音可以变得更加悦耳、动听，给听众带来更为愉悦的审美体验。这一观点在声学原理中得到了印证，泛音的存在确实能够增强声音的和谐性与美感。

第二，共鸣还具有扩大音量的作用。人类的声带作为一个相对较短的振动体，其本身振动所产生的喉原音实际上是非常微弱的。然而，当这些微弱的声音波动在共鸣腔体（如胸腔、咽腔、头腔等）中得到反射和增强时，声音的响度就会显著提高。共鸣腔体的这种放大作用，不仅使得声音能够传播得更远，还使得演唱者能够更加灵活地调节声音的强弱、明暗及音色上的变化。这种调节功能在语言表达与传播中尤为重要，它赋予了表达者更为丰富的表现力和艺术感染力。

第三节 共鸣的训练

1. 胸腔共鸣的训练

胸腔共鸣能为声音增添浑厚与力量。训练方法如下：

（1）站立或坐直，放松身体，深吸一口气，感受气息进入胸腔的充盈感；

（2）尝试用较低的声音发出“ha”音，感受胸腔的振动。逐渐降低音高，并用手轻按胸部进行体会。通过调整气息的深浅和发音的力度，逐渐找到最佳的胸腔共鸣点。

训练材料

夜雨寄北

李商隐

君问归期未有期，巴山夜雨涨秋池。
何当共剪西窗烛，却话巴山夜雨时。

登高

杜甫

风急天高猿啸哀，
渚清沙白鸟飞回。
无边落木萧萧下，
不尽长江滚滚来。

赋得古原草送别（节选）

白居易

离离原上草，
一岁一枯荣。
野火烧不尽，
春风吹又生。

静夜思

李白

床前明月光，
疑是地上霜。
举头望明月，
低头思故乡。

送杜少府之任蜀州

王勃

城阙辅三秦，风烟望五津。
与君离别意，同是宦游人。
海内存知己，天涯若比邻。
无为在歧路，儿女共沾巾。

春夜喜雨（节选）

杜甫

好雨知时节，
当春乃发生。

随风潜入夜，
润物细无声。

黄鹤楼送孟浩然之广陵（节选）

李白

故人西辞黄鹤楼，
烟花三月下扬州。
孤帆远影碧空尽，
唯见长江天际流。

游子吟（节选）

孟郊

慈母手中线，
游子身上衣。
临行密密缝，
意恐迟迟归。

江雪

柳宗元

千山鸟飞绝，
万径人踪灭。
孤舟蓑笠翁，
独钓寒江雪。

2. 口腔共鸣的训练

口腔共鸣是使声音清晰、明亮的关键。训练方法如下：

（1）张开嘴巴，放松唇舌，感受发音时口腔内的空间感；

（2）发出“ɑ”音，注意让声音在口腔内回荡，感受口腔的共鸣效果。

训练材料

初秋的午后，阳光透过树梢，斑驳地洒在青石板路上。我独自漫步其中，感受着微凉的秋风轻抚面颊。街角的茶馆里，老人们围坐在一起，谈天说地，不时传来阵阵笑声。这笑声，像是岁月的回响，又像是生活的赞歌。我停下脚步，静静聆听，仿佛能听到他们讲述的那些遥远而美好的往事。这些故事，如同秋日的阳光，温暖而不炽热，让人心生怀念。

夜晚的城市，霓虹闪烁，车水马龙。我站在天桥上，眺望着这片繁华。行人匆匆，每个人都有自己的故事，每个故事都有独特的色彩。我想，这就是城市的魅力所在吧。它包容了无数人的梦想和奋斗，也见证了无数人的欢笑和泪水。而我，只是这座城市中的一个过客，用心感受着这座城市的每一次呼吸，每一次脉动。

雨后的清晨，空气中弥漫着泥土的芬芳。我踏着湿润的小路，走向那片绿意盎然的田野。田间的稻谷随风轻轻摇曳，仿佛在诉说着丰收的喜悦。我闭上眼睛，深吸一口气，心中涌起一股莫名的感动。这是大自然的馈赠，是生命的奇迹。我们生活在这片土地上，享受着它的滋养，也承担着保护它的责任。

黄昏时分，我独自坐在窗前，看着夕阳缓缓下沉。天空被染成了金黄色，云彩也披上了绚丽的霞光。这一刻，世界仿佛静止了，只有夕阳在不断变换着色彩和形状。我想起了那句“夕阳无限好，只是近黄昏”，心中不禁涌起一丝惆怅。但转念一想，夕阳虽然短暂，但它的美丽却足以让人铭记一生。

海边的夜晚，星空璀璨，海风轻拂。我赤脚走在沙滩上，感受着沙粒在脚下的触感。海浪轻轻拍打着岸边，仿佛在诉说着古老而神秘的故事。我抬头仰望星空，心中充满了对未知的向往和好奇。这片星空下，有多少人和我一样，在追寻着自己的梦想和未来呢？我们或许渺小，但我们的梦想却是无限的。

3. 鼻腔共鸣的训练

鼻腔共鸣能为声音增添柔和与细腻。训练方法如下：

（1）轻轻捏住鼻子，尝试发出“m”或“n”音，感受声音通过鼻腔的共鸣；

（2）松开鼻子，再次发音，尝试保持鼻腔的共鸣效果。

训练材料

漫步在朦胧的晨雾中，我沉浸在这份难得的静谧里。晨露沾湿了鞋尖，微风带来了泥土与新鲜草木的气息。每一口深呼吸，都像是在与大自然亲密对话。远处，群山连绵，在迷雾中若隐若现，宛如一幅水墨画。我停下脚步，静静地凝望这片美景，心中涌起一股莫名的安宁。迷雾中，我感受到了大自然的神秘与和谐，仿佛此刻，整个世界都属于我一个人。

夜幕降临，我独自一人漫步在古老的街道上。朦胧的月光洒在地面上，为这条寂静的街道增添了几分神秘色彩。我沉浸在自己的思绪中，脚步不自主地放慢。突然，一阵轻柔的音乐传入耳中，那是街头艺人在吹奏着一曲悠扬的旋律。我驻足聆听，那音乐仿佛穿越了时空，带我进入了一个梦幻的世界。

午后的阳光透过窗帘，洒满了整个房间。我拿起一本书，静静地坐在窗边阅读。书中的文字仿佛有魔力一般，将我带入了一个又一个奇妙的世界。我沉浸在这些故事中，感受着每一个角色的喜怒哀乐。年年岁岁，书籍始终是我最好的朋友，陪伴我度过了无数美好的时光。

站在山顶上，我俯瞰着脚下的城市。夜幕降临，万家灯火闪烁，宛如一颗颗璀璨的星星。这座城市，承载了我太多的回忆和梦想。每一盏灯光，都代表着一个家庭、一个故事。我闭上眼睛，感受着这座城市的脉动，心中充满了对未来的期待和憧憬。无论未来走向何方，这座城市都将是我永远的牵挂。

清晨的阳光透过窗帘缝隙，洒在我的脸上，温暖而柔和。我慵懒地睁开眼睛，看着窗外的世界。鸟儿在枝头欢快地歌唱，树叶在微风中轻轻摇曳。这一幕让我感受到了生活的美好和宁静。我起身走到窗前，深深地吸了一口新鲜的空气，感受着大自然的恩赐。每一个清晨，都是一个新的开始，充满了希望和可能。我期待着这一天的到来，期待着未来的每一个精彩瞬间。

4. 头腔共鸣的训练

头腔共鸣能提升声音的穿透力和高亢度。训练方法如下：

（1）放松喉部，尝试用较高的音调发出“i”或“e”音，感受声音在头部产生的共鸣；

（2）练习高音区的发声，逐渐提高声音的频率，以增强头腔共鸣的效果。

训练材料

勇往直前，无畏挑战！我们是梦想的追逐者，是未来的创造者。无论前方有多少艰难险阻，我们都将披荆斩棘，一往无前。因为我们心中燃烧着不灭的火焰，那是对成功的渴望，对梦想的执着。让我们携手并进，共同创造属于我们的辉煌！

崛起吧，勇士们！在这个充满机遇与挑战的时代，我们要以昂扬的斗志，迎接每一个日出日落。不畏困难，不惧挫折，因为我们拥有无限的可能。让我们的梦想照亮前行的道路，用我们的汗水浇灌成功的花朵。向着胜利，冲刺吧！

砥砺前行，不负韶华！我们是最勇敢的战士，肩负着梦想与希望。在追求卓越的道路上，我们永不言弃，勇往直前。让激情燃烧我们的岁月，让奋斗书写我们的传奇。为了心中的理想，为了更美好的明天，我们义无反顾，奋勇向前！

激扬青春，放飞梦想！在这个充满激情与活力的年纪，我们要勇敢地追求自己的梦想。不畏艰难险阻，不惧世俗眼光，因为我们有着坚定的信念和无尽的热情。让我们的青春在奋斗中绽放光彩，让我们的梦想在拼搏中实现价值。向着未来，奋勇前进吧！

挑战自我，超越极限！我们是时代的先锋，是梦想的践行者。在追求卓越的道路上，我们不断挑战自己，突破自我。无论遇到多少困难和挫折，我们都将保持高昂的斗志和坚定的信念。因为我们相信：只要勇往直前，就没有什么能够阻挡我们前进的脚步！让我们的梦想照亮世界，让我们的奋斗创造辉煌！

第四节 综合训练材料

生命里的风景

清晨，一缕阳光悄然溜进窗帘的缝隙，洒在我的脸上，如同春风拂面般的温柔。我慵懒地睁开双眼，迎接新的一天。窗外的世界早已苏醒，鸟儿在枝头欢快地歌唱，树叶在微风中轻轻摇曳，仿佛在诉说着大自然的神奇与美丽。

我独自漫步在林间小道，感受着大自然的恩赐。阳光穿过树梢，斑驳地洒在泥土上，散发出淡淡的芬芳。我深吸一口气，清新的空气中夹杂着泥土的气息，让人心旷神怡。此刻，我仿佛置身于一幅美丽的画卷中，与世隔绝，忘却尘世的纷扰。

在这片宁静的树林里，我不禁开始思考人生。生命如同一条河流，源头是出生的那一刻，而终点则是永恒的沉寂。我们每个人都在这条河流中漂泊，经历着风风雨雨，品味着人生的酸甜苦辣。在这漫长的旅程中，我们会遇到形形色色的人和事，有些会让我们欢笑，有些会让我们流泪，但正是这些经历塑造了我们独特的人生。

我继续前行，一片湖泊映入眼帘。湖面波光粼粼，仿佛一面镜子，映照出蓝天白云和周围的绿树。我静静地坐在湖边，凝视着湖水中的倒影，心中涌起一股莫名的感动。人生如梦，梦中的我们或许迷茫，或许坚定，但都在努力地寻找属于自己的那片天空。而这片湖泊，犹如我们内心的世界，时而平静如水，时而波涛汹涌。

在这美丽的自然风光中，我体会到了生命的真谛。人生就像一场旅行，我们不仅要欣赏沿途的风景，更要学会珍惜与身边人的每一次相遇。因为在这漫长的旅途中，我们会不断地失去，也会不断地收获。而真正的幸福，往往就藏在这些相遇与离别的瞬间。

回想起过去的岁月，那些陪伴我们走过的人和事，如今或许已经远去，但他们留下的回忆却永远铭刻在我们的心中。就像这湖泊中的倒影，虽然转瞬即逝，却让人难以忘怀。这些回忆成为我们人生道路上最宝贵的财富，激励着我们继续前行。

在这片宁静的树林中，我找到了内心的平静。或许人生的意义就在于不断地追寻与探索，去品味每一个瞬间的美好。而当我们学会珍惜当下，拥抱未来时，我们便能在这漫长的旅途中找到属于自己的幸福与满足。

夕阳西下，我依依不舍地离开了这片美丽的树林。回首望去，那些树木、湖泊和阳光都仿佛在向我挥手告别。我微笑着回应它们，心中充满了感激与敬意。感谢大自然赋予我们如此美妙的风景，也感谢生命中的每一次相遇与离别，让我们更加珍惜现在所拥有的一切。

夜幕降临，我回到了喧嚣的城市。街头的霓虹灯闪烁着耀眼的光芒，人们匆匆忙忙地行走在夜色中。我深吸一口气，感受着这座城市的繁华与活力。虽然这里没有树林的宁静与美丽，但却有着属于城市的独特魅力。

在这个瞬息万变的时代里，我们每个人都在为了生活而奔波劳累。但请不要忘记，在忙碌之余，给自己的心灵留一片净土。那里没有纷扰与喧嚣，只有宁静与美好。当我们学会在忙碌中寻找内心的平静时，我们便能真正地感受到生命的美好与价值。

生命里的风景如同这变幻莫测的自然风光一般，时而宁静如水，时而波澜壮阔。但无论何时何地，请珍惜当下所拥有的一切美好与感动。因为这些瞬间将成为我们人生道路上最宝贵的回忆与财富。让我们携手共进，共同品味这生命里的风景吧！

秋思录

秋风起，白露为霜。我于这样的季节里，拾起了对自然、人生与情感的深沉感悟。时光匆匆，人生如寄，唯有在这流转的四季中，我们才能体会到生命的真谛。

一片金黄的落叶，轻轻飘落在我的手心。它曾经的翠绿，如今已被秋风染成了金黄。这片叶子，仿佛在诉说着它的一生，从春天的嫩芽，到夏日的繁茂，再到秋日的凋零。这不正是人生的缩影吗？我们都在时间的洪流中，经历着春华秋实，面对着生命的起伏与变迁。

我踏着铺满落叶的小径，感受着秋天的韵味。秋，是收获的季节，也是感伤的季节。它让我们看到了生命的辉煌，也让我们体会到了生命的脆弱。然而，正是因为这份脆弱，我们才更加珍惜每一个瞬间，更加珍视身边的人。

人生如梦，梦中有喜有悲，有得有失。我们在这梦中追逐着名利，却往往忽略了内心的渴望。而当我们回首往事，才会发现，那些曾经拥有的美好时光，才是我们最宝贵的财富。在这个纷繁复杂的世界里，我们需要学会放下执念，去感受生活的点滴美好。

秋风继续吹拂着，带来了阵阵凉意。我抬头望向天空，只见一行大雁正排着整齐的队形，向南飞去。它们为了生存而迁徙，为了明天而奋斗。而我们呢？是否也应该勇敢地面对生活的挑战，去追寻属于自己的梦想？

在这秋日的阳光下，我想起了那些曾经陪伴过我的人。他们或许已经离我而去，但他们的影子却永远留在了我的心中。那些温暖的笑容、关切的话语、无私的帮助，都成为我人生中最宝贵的回忆。情感，是人生中不可或缺的一部分，它让我们学会了珍惜、学会了感恩，也让我们在孤独的时候，找到了慰藉。

我继续漫步在这秋日的画卷中，心中涌起一股莫名的感动。生命是短暂的，但我们所经历的一切却是永恒的。无论是喜悦还是悲伤，都会成为我们人生道路上的宝贵财富。因此，我们应该珍惜每一个瞬间，去感受生命的美好与奇迹。

秋意渐浓，我也渐行渐远。然而，心中的那份感悟却永远不会消逝。自然、人生、情感，这三者交织在一起，构成了我们绚丽多彩的世界。让我们在这世界中，勇敢地前行，去追寻属于自己的那份美好与幸福吧！

日暮途穷，我回到了熙熙攘攘的都市。华灯初上，城市的霓虹与秋夜的星空交相辉映。我站在高楼的露台上，俯瞰这座熟悉又陌生的城市。这里充满了人们的梦想与奋斗，也充满了生活的艰辛与无奈。但正是这些矛盾与冲突，构成了我们真实而复杂的人生。

秋风吹散了我的思绪，我再次回到现实。身边的朋友们都在为了生活而奔波，为了梦想而奋斗。我们或许会在路上迷失方向，或许会在挫折中感到绝望，但只要我们坚定信念，勇往直前，就一定能找到属于自己的那片星空。

秋夜的寂静中，我突然想起了那句古诗："落霞与孤鹜齐飞，秋水共长天一色。"这是多么美的意境啊！人生也是如此，无论我们身处何地，都应该保持一颗欣赏美的心。只有这样，我们才能在纷繁复杂的世界中，找到属于自己的那份宁静与安详。

随着秋风的轻拂，我的心灵也仿佛得到了净化。我明白了生命的真谛不仅在于追求物质的富足，更在于精神的充实与满足。只有当我们学会欣赏自然的美景、珍视人生的经历、感恩情感的馈赠时，我们才能真正地活出自我、活出精彩。

秋意已深，我也将这份感悟深埋心底。愿我们都能在这绚烂多彩的世界中，找到属于自己的幸福与满足。无论未来会面临怎样的挑战与困境，只要我们怀揣着希望与梦想，就一定能走出一条属于自己的精彩人生路。

秋思的深度与广度

秋，自古便是文人墨客挥洒情感的季节。这金黄的季节，不仅仅带来了丰收的喜悦，更勾起了人们对生活、对人生的无尽思考。秋思，既深沉又广阔，如秋水般绵延不绝，如秋叶般层次丰富。

秋思的深度，在于它触及了人们内心最柔软、最隐秘的部分。每当秋风起时，那种沁人心脾的凉意，总会让人不自觉地回想起过去的点点滴滴。或许是童年的趣事，或许是青春的激情，又或许是那些已经离去的亲人和朋友。这些回忆，如同秋日的落叶，一片片沉积在心底，形成了一层厚厚的情感积淀。

在这深沉的秋思中，人们不禁会开始反思自己的生活。我们是否珍惜了与亲人朋友的每一次相聚？是否在忙碌的生活中，忽略了身边的美好？秋思，就像一面镜子，映照出我们内心深处的渴望和遗憾，让我们更加珍惜现在，更加努力地追求未来。

而秋思的广度，则体现在它对人生百态的包容与洞察。秋天，是一个多彩的季节。金黄的稻谷、火红的枫叶、湛蓝的天空……这些丰富的色彩，仿佛就是人生的缩影。

在这个季节里，我们可以看到农民丰收的喜悦，也可以感受到落叶飘零的哀愁。秋思，就是这样一种能够容纳万般情感的状态。

在广阔的秋思中，我们还可以体会到人生的无常与变迁。秋天是过渡的季节，它连接着夏天的繁华与冬天的沉寂。人生也是如此，总是在不断地变化与转折中前行。秋思让我们明白，无论是喜悦还是悲伤，都是生命旅途中不可或缺的一部分。我们需要学会接受这些变化，勇敢地面对未来的挑战。

更进一步地，秋思还引发了对宇宙和自然的敬畏与思考。当我们站在广袤的田野上，看着稻谷随风摇曳，或者站在山顶上，俯瞰层林尽染的山川时，我们会感受到自然的伟大与神秘。这种感受让我们意识到，人类只是宇宙中的一份子，我们应该尊重自然、顺应自然，与自然和谐相处。

在这个金黄的秋季里，让我们沉浸在秋思的深度与广度中吧！让我们在回忆中找寻那些逝去的时光，在反思中明确自己的方向，在感慨中体会人生的多彩与无常，在敬畏中学会与自然和谐共处。秋思，不仅是一种情感的宣泄，更是一种智慧的体现。它让我们在忙碌的生活中停下脚步，去感受、去思考、去珍惜这个美好的世界。

第七章

声音弹性——多变的声音色彩

第一节 声音弹性及其涵盖范围

1. 声音弹性的含义

弹性，是指物体受外力作用变形后，除去作用力时能恢复原来形状的性质。比喻事物依据实际需要可以加以调整、变通的性质。[①]

声音弹性是一个专用于描述声音特质的概念，简单来说，就是当人们在用声音表达情感或传递信息时，声音能够根据不同的情感和语境做出相应的变化。当人们感到开心时，声音可能会变得轻快和充满活力；而当人们感到伤心或沮丧时，声音可能会变得低沉和无力。这种声音随情感变化而展现出的灵活性和多样性，就是人们所说的“声音弹性”。这就像声音具有了一种伸缩自如的特质，可以根据人们的内心感受自由变化，使得语言表达更为生动和真实。

2. 声音弹性的涵盖范围

声音弹性，作为一个复杂而多维度的声学现象，涵盖了声音音高的高与低、音强的强与弱、音质的实与虚、音色的明与暗及声音的放纵与收敛等多层次的对比变化。这些变化并非孤立存在，而是相互交织，共同构成了声音弹性的丰富内涵。

从科学角度分析，声音弹性的多层次对比变化源于发声者通过调控声带的张力和振动频率，以及共鸣腔体的形状和大小，从而实现对声音的精细操控。这种操控能力，正是声音弹性的核心所在，它反映了表达主体对声音的驾驭能力和表现力。

发声训练的主要目标，正是帮助人们获得并提升这种声音弹性。通过系统的声音弹性训练，发声者可以更加自如地调控声音的各种“参数”，以适应不同的表达需求和情感状态。这种训练不仅有助于提升发声技巧，更能增强有声语言表达的艺术表现力和感染力。

---

① 中国社会科学院语言研究所词典编辑室. 现代汉语词典. 7 版. 北京：商务印书馆，2016。

第二节 声音弹性的训练侧重及获得

1. 声音弹性的训练侧重

在进行声音弹性训练时，需要对声音形式变化有敏锐感知和精准控制。但声音形式的变化并非孤立存在，而是与发声者的情感状态紧密相连的。因此，在训练中，还需要引导发声者深入理解和体验不同情感状态下的声音表现，学会通过声音来准确传达自己的情感和态度。

2. 声音弹性的获得

声音弹性的获得需重视以下四个核心要素。

（1）情感表达。

情感表达的动态性是获取声音弹性的深层基础。必须深入理解表达内容的内涵，精准捕捉并体现其中情感变化的微妙之处，进而通过声音进行传递。因此，声音弹性的训练，不能仅仅局限于对音高、音强、音长、音色等物理特性的调整训练，而应当嵌入到具体的语言环境中去。

（2）呼吸调整。

为了增强声音的弹性，呼吸应根据情感的变化而不断调整。呼吸是发声的推动力，是连接内在情感和外在声音的重要桥梁。

（3）发音能力。

扩展发音能力对于提升声音的弹性也大有裨益，通过广泛的发音训练和实践，可以丰富声音的表现力和应变能力。

（4）适度发音。

在发音过程中，对各个环节的调节与控制应保持适度，避免达到运动的极限。任何过度的表现，如音量过大或过小、声调过高或过低、口腔张开过大或过小、口腔控制过松或过紧、声音位置过度偏前或靠后、进气量过多或过少等，都会阻碍声音的弹性。这是因为这些情况都代表了发音控制已经达到了某种极限，使得声音难以再具有灵活的变化空间。

第三节 感情色彩指导下声音弹性的对比训练

一、喜

春风拂面，花儿盛开，她手中握着录取通知书，眼中闪烁着喜悦的光芒。那一刻，所有的努力和等待都得到了回报，她的心中充满了对未来的憧憬和期待。她跳跃着，欢呼着，仿佛整个世界都在为她喝彩，那份纯粹的喜悦溢于言表，感染了周围的每一个人。

阳光洒满小巷，孩子们在街头嬉戏打闹，笑声此起彼伏。张大妈捧着新买的花裙子，脸上洋溢着久违的笑容。那条裙子，她心仪已久，如今终于买下，心中的喜悦难以言表。她迫不及待地穿上裙子，旋转着，仿佛回到了青春少女时代，那份纯粹的快乐溢于言表。

二、怒

他猛地推开门，怒火中烧。眼前的场景让他无法控制自己的愤怒：满地的碎片，被打破的相框，还有那散落一地的照片。他的心在滴血，那是他珍藏多年的回忆，如今却被肆意破坏。他的拳头紧握，眼中闪烁着怒火，仿佛要将一切不公与愤怒都发泄出来。

李强紧握双拳，眼中闪烁着怒火。他看着那份被篡改的合同，心中的愤怒如潮水般汹涌。他信任的合作伙伴竟然在背后算计他，这种背叛让他无法忍受。他决心要为自己讨回公道，绝不让那些小人得逞。

三、哀

她独自坐在窗前，泪水无声地滑落。她失去了最亲爱的人，心如同被撕裂一般疼痛。周围的世界仿佛失去了色彩，一切都变得黯淡无光。她默默地凝视着窗外，心中充满了无尽的哀伤和思念。

夜色渐浓，王芳独自坐在窗前，泪水悄然滑落。她想起了逝去的亲人，那些温馨的画面历历在目。如今，物是人非，她再也无法与他们相聚。这份思念与哀伤交织在一起，让她心如刀绞。

四、乐

孩子们在公园里追逐嬉戏，欢笑声此起彼伏。他们的脸上洋溢着纯真的快乐，仿佛整个世界都是他们的游乐场。每一个笑容，每一次跳跃，都充满了无尽的乐趣和活力，让人感受到生活的美好和欢乐。

赵明站在山顶上，俯瞰着脚下的美景，心中充满了欢乐。他历经艰辛，终于登上了这座高峰。回望来时的路，虽然曲折坎坷，但此刻的成功让他觉得一切努力都是值得的。他张开双臂，仿佛能拥抱整个世界。

五、爱

月光下，他们紧紧相拥，眼中只有彼此。那一刻，时间仿佛静止了，空气中弥漫着浓浓的爱意。他们的心跳声在夜色中交织成一首美妙的乐章，诉说着对彼此深深的眷恋和爱意。

月光如水洒在窗台，刘丽轻抚着爱人的脸庞，眼中满是柔情蜜意。她深深地爱着他，愿意为他付出一切。此刻，她无需言语，只需一个眼神、一个微笑，便能传递出内心深处的爱意。这份爱，如同月光般纯净而深沉。

六、恶

他在黑暗中潜伏，眼中闪烁着阴冷的光芒。他的心中充满了恶意，计划着如何摧毁那个曾经背叛他的人。他的嘴角勾起一抹冷笑，仿佛在嘲笑着那个即将遭受他报复的人。那份恶意，如同黑夜中的毒蛇，随时准备扑向猎物。

周华看着那个曾经欺负过他的人摔倒在地，心中涌起一股莫名的快感。他冷冷地笑了笑，转身离去。虽然他知道这样做并不光彩，但心中的恶意却让他无法自拔。那种报复的快感让他沉迷其中，无法自拔。

七、欲

她站在橱窗前，眼中闪烁着渴望的光芒。那件华丽的礼服，仿佛是她梦寐以求的宝藏。她想象着自己穿上它的样子，那份欲望如同烈火般在她心中燃烧。她渴望拥有它，渴望成为众人瞩目的焦点。那份欲望，驱使着她不断努力，追求自己的梦想。

杨帆站在橱窗前，眼中闪烁着渴望的光芒。那辆崭新的跑车仿佛是他梦寐以求的宝贝。他想象着自己驾驶着它在街头飞驰的样子，心中的欲望如潮水般翻涌。他知道这辆车价格不菲，但他还是下定决心要努力赚钱买下它。这份欲望成为他奋斗的动力。

第八章

情、声、气的结合——有声语言艺术形式的彰显

在有声语言艺术中，情、声、气三者的有机结合被视为一项重要原则。尽管在普通的普通话学习或基础声音训练中，这种综合性的要求并不常见，但在多样化的语言表达形式中，这一要求却是普遍存在的。无论是播音、朗读、朗诵还是演讲等其他有声语言艺术形式，均要求将情感、声音和气息三者融为一体，以实现更为生动、富有感染力的语言表达。

第一节 情、声、气及其相互关系

一、情、声、气的含义

1. 情

“情”指的是在有声语言表达过程中，始终运动着的情感。它是语言创作的依托，源于播讲目的，由具体稿件或话题引发，并通过有声语言传达出来。

情感是语言的灵魂，是有声语言创作的依托，它赋予有声语言以生命力和感染力。缺乏情感的语言表达往往显得干涩、无趣，无法触动听众的心灵。

2. 声

“声”是指运用发声器官和表达技巧所发出的有声语言。它是情感的载体，通过声音的变化和组合，将情感和信息传递给听众。

声音是有声语言表达的直接形式，它的内在物理属性与外在物质形态都会影响听众的感受和理解。优美的声音能够增强语言的感染力，提升表达效果。

3. 气

“气”是指在有声语言表达过程中所使用的气息。它是发声的动力基础，支撑着声音的发出和情感的传递。

正确的气息运用能够使声音更加稳定、持久并富有变化，并有助于情感的表达。缺乏气息支持的声音往往显得虚弱无力，难以传达出强烈的情感。

总而言之，“情要取其高、声要取其中、气要取其深”，以达到“字正腔圆、清晰持久、刚柔自如、声情并茂”的境地。①“情、声、气”在有声语言表达中相辅相成，缺一不可，它们共同构成了有声语言表达的基石，使人们能够通过语言来准确、生动地传达信息和情感。在实际运用中，需要不断学习和练习，以提高自己的有声语言表达能力和艺术修养。

二、情、声、气之间的关系

情感在表达中起着统帅和主导的作用，它属于内在层面的要素；而气息和声音则处于被引导和被统帅的位置，它们属于外在的展现形式。在有声语言中，我们追求“形神兼备”的表达效果，其中，“神”指情感，“形”则代表声音和气息。若过分偏重“神”即情感的表达，而忽略声音和气息的配合，便可能导致“魂不附体”，即内在情感与外在表现形式脱节。相反，若单纯追求“形”的完美，即声音和气息的技巧，而忽视情感的传递，则会造成“体不纳魂”，也就是形式无法有效承载和传达内在情感。

“气随情动，声随情出，气生于情而融于声”②，这句话精准地阐述了情感、声音和气息三者之间紧密相连、互为依存的关系，如图 8-1 所示。

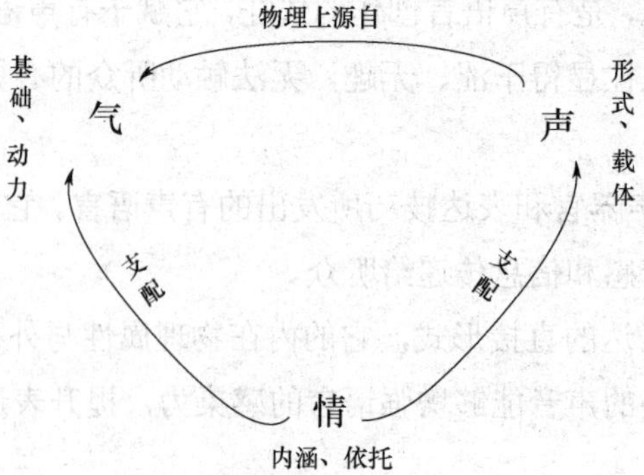

图 8-1　情、声和气之间的关系

① 吴弘毅. 实用播音教程：第一册　普通话语音和播音发声. 北京：北京广播学院出版社，2002：413。

② 同①。

第二节 情、声、气的综合把控

一、气息动态性的把控认知

古人云："善歌者必先调其气。"同理，对于有声语言表达创作主体而言，精妙的气息调控亦是其不可或缺的技能。"调"这一动作在此显得尤为关键。

气息的动态性要求其流动必须保持通畅，而为了实现这一点，创作主体的身体各部分需保持适当的松弛状态。需要注意的是，此处的"松弛"并非指完全的放松或懈怠，而是在精神高度集中于稿件、思想感情处于活跃状态时，身体各部位的肌肉保持非僵硬、具有弹性的状态。这种松弛并非一成不变的，而是根据表达的需要灵活调整，时紧时松，以实现气息的灵活多变，如气流的强弱、快慢变化。

"通畅"一词在此处意指在丹田与唇舌之间，气息的流动应无阻碍，避免任何人为的外力干扰。气息的深度、量和速度都应恰到好处。例如，丹田过度紧绷或无力会导致气息呆滞或涣散，两肋过度张开或紧闭会使得气息僵硬或短促，抬起两肩会使气息显得浅薄，而腹部鼓胀则会使气息显得空洞。为了确保气息的通畅，创作主体需要形成一个有弹性的倒三角区域，该区域由两肋下端和丹田构成，并能够协调运动，自如地扩张或收缩，同时特别注意保持前胸的舒适，避免憋气感。

在创作与表达的过程中，创作主体应根据实际需求合理地进行进气、补气和用气。进气时，并非以吸满或吸多为目标，而是以适当为原则。例如，在说出不同字数的词句时，进气量会有所不同；同样字数的词句，在表达亲切呼唤和愤怒斥责时，进气也会有所不同。补气则包括换气、偷气和就气三种方式。换气通常不在句尾进行，而是在句首开口之前，此时吸气的量、速度和节奏都相对从容，有时会有声音，但通常无声。偷气则是在句中或句尾前的停顿、连接的空隙中快速且少量地吸气，且不露出痕迹。而就气则是不进行新的进气，仅依靠肺部的余气进行补充，在顿挫后一气呵成，其间倒三角区域需加强控制，以免出现气息不足的情况。

二、声音自如性的把控认知

古人云："声非学器，器写人声者也。"此言强调了声音的自然与真实性，而非机械模仿。在有声语言表达中，应摒弃对乐器及其声音的模仿，转而专注于运用自身的自如声区。所谓自如声区，即是指发声时无需过度压力、挤压、捏造或拉伸，避免刻意追求声音的响度与亮度。发声时，绝不可为了响亮而过度用力，因为这样的声音即便响亮，也是缺乏内涵与力量的。

为了丰富地表达思想感情，自如声区的运用至关重要，同时，还应善于利用声音的弹性。声音的高低、强弱、长短、明暗、宽窄、前后、虚实等特质，都应在对比中得以显现。当然，这需要深入了解并把握自身声音的特点，探索使用声音的规律，进而将有声语言表达推向更高的审美层次。

声音的自如性涉及多个方面，包括声带、口腔、唇舌等生理结构的固定因素，以及吐字归音、呼吸调节、发声状态等可控因素的协同作用。这些可变因素的和谐统一，构成了声音的弹性。

在探讨声音弹性时，双唇的弹性表现尤为关键。成阻时，气流应较满；持阻时，气流应更为密集；除阻时，应以双唇中部的三分之一部分为主导进行运动，而非全唇同时动作。此外，嚼肌的运用也十分重要，它主要涉及上唇中部三分之一两端与左右颧骨高点之间的区域。在发声过程中，应避免嘴角过度咧开或单纯的微笑状，也不能向前突出，以免造成唇齿间的空隙。

声音弹性的主要调节部位在于前胸的支点，称之为胸部支点。这个支点的上限位于第三条肋骨处，下限则位于胸骨下端。在这个范围内，每一个点都可以作为左右扩张的支点。胸部支点的上下滑动，就是其运动方式。但需注意，若突破上限，喉头会立刻紧张；若突破下限，则会失去气息的支持。从胸部感觉上来看，仿佛存在一个四声调值图，不同声调对应着支点在不同位置的滑动。初学者可以先通过四声来体会这种变化。在播音过程中，胸部支点可用于控制整个自如声区，支点微小的变化就能控制多个音程和升降。因此，"差之毫厘，失之千里"的道理在这里体现得淋漓尽致。同时，胸部支点的滑动必须与丹田、两肋相配合，并且要实现前胸整体放松与胸部支点局部紧张的有机结合。在滑动过程中，还要防止单纯的前胸起伏及与思想感情的脱节。例如，“哦？”的语气是由下向上的滑动，表达疑问，而“哦！”则是由上向下的滑动，表达感叹。在句子中，这种滑动也是根据语势来变化的。

三、气托声、声传情的相互交融

情感、声音和气息之间存在深刻的内在联系，这种联系根植于心理与生理的紧密交织。情感，作为一种心理过程，与声音和气息这两种生理现象紧密相连。心理活动的变化，如“心平气和”“理直气壮”“痛哭失声”“语重心长”等，不可避免地会引发生理层面的反应。反之，生理状态的变化也会对心理活动的兴奋或抑制状态产生影响。从因果逻辑的角度来看，情感驱动气息的运用，进而带动声音的表达；而从语言表达的视角来看，则是气息承载着声音，声音又传递着情感。

在这个过程中，声音扮演着核心角色，且其表现主要体现在字词的发音上。情感正是通过字词来传达的。那么，字词是如何传递情感的呢？除了要注意吐字前的气息储备，吐字时的出字（字头）有力、叼住弹出，立字（字腹）要饱满、拉开立起，字尾（韵尾）归音、弱收到位、趋势鲜明外，更需要重视意念的活跃性。只有意念活跃，才能确保情感的真挚，从而使得每一个字词都能传递情感，每一声都悦耳动听。当然也要充分发挥创作主体自身的优势，避免劣势，并注重韵律的和谐调整。

在气息承载声音、声音传递情感的过程中，需要深入理解并自然运用，避免机械的控制和单纯的理智支配。更重要的是，不能用一种固定不变的气息和发声方式来表达各种复杂的情感，更不能将这种方式视为解决情、声、气关系的唯一标准。我们应该追求的是：当情感到位时，能够自如地运用声音和气息，如同行云流水般自然，游刃有余。

此外，解决情、声、气的关系并非孤立的任务。一旦脱离了具体的稿件内容，播音中的情、声、气关系就失去了依托。因此，在播音实践中，必须将情感、声音和气息的统一性贯穿于稿件之中。

四、情、声、气统一于稿件

1. 自如性与控制性的和谐统一

自如性是从主观要求的角度出发的，是创作主体在情感、声音、气息等方面所固有的适应能力。创作主体应对自身在情感、声音、气息方面的广度与深度有清晰的认识。对于某些内容、特定体裁的稿件、特定的声音形式、气息状态及工作环境，如果能表现出良好的适应性，即体现了自如性。反之，则表现为缺乏自如性。

控制性是从客观要求的角度出发，描述个体在情感、声音、气息方面的可塑性和支配能力。创作主体需要对不同内容、体裁的稿件、不同的声音形式、气息状态及多变的工作环境有深刻理解，并根据这些不同的要求来进行精准的表达。这种根据不同要求精准调配情感、声音、气息的过程，实质上就是增强控制性的过程。

由此可见，在有声语言表达中，要想妥善处理好情感、声音、气息三者的关系，必须实现控制性与自如性的和谐统一。初学者在表达时，常常会不自觉地带入过多的“自然”成分，误将其视为“自如”，这实际上是对有声语言表达中控制性认识的不足。人们所追求的自如性，必须与控制性相结合，必须有明确的语言目标、丰富而具体的思想感情运动，以及高超的语言技巧。所有这些元素都需在稿件中得到统一，并在话筒前完美呈现。若忽视稿件的客观要求，一味追求“自然”，不仅会丧失控制性，自如性也将不复存在，最终只会剩下一张白纸，无法描绘出自如性与控制性相统一的美丽画卷。

如果只有控制性而缺乏自如性，那么情感、声音、气息的表达就会显得生硬、僵化。个体必须善于把握自身在情感、声音、气息方面的自如状态，在可能的基础上，充分发挥自身在深广范围内的优势，扬长避短，实现自如的控制。在克服“自然”状态的过程中，必须强调控制性，否则只会治标不治本。

必须深刻认识到控制性与自如性是对立统一的。在处理情感、声音、气息的关系时，不应偏废其一。因为缺乏控制性就会导致表达的随意性；而缺乏自如性，则会使控制性失去主动性，沦为机械的运动。

在控制性与自如性的对立统一中，还要注意二者之间的不平衡性。尽管人们的目标是使二者完美融合，但在有声语言表达的实践中，二者往往呈现出一种若即若离、此消彼长的状态。控制性与自如性的不平衡是绝对的、持续的，而它们的平衡则是相对的、暂时的。我们始终处于认识不平衡、寻求平衡的过程中，力求达到“随心所欲而不逾矩”的境界。即使某些稿件在某些时刻似乎达到了某种平衡，也需要敏锐地辨别其中细微的不平衡差异，以便向更高层次的目标努力。

控制性与自如性的不平衡性有多种表现形式。一般来说，如果控制性过强，会给人造作、不纯熟的感觉，仿佛理智在排斥或取代感情；而如果自如性过多，则会给人模糊、轻率的感觉，似乎感情在摆脱或干扰理智。有的人在表达某一篇稿件时控制性过强，而在表达另一篇稿件时自如性过多，表现出明显的不统一性。也有的人虽然思想感情的运动状态较好，但在气息、声音的控制上却过强（如气浅声高、气足声压、语势呆板单一、停顿过于平稳等），或者气息、声音状态虽好，但思想感情的运动状态却不够自如（如情景再现不够丰富、内在语不充分、对象感不够具体、语言目的过于笼统、受工作环境影响等）。另外，初学者往往自如性过多，既不知如何调动感情，也对气息、声音缺乏正确的控制。经过一段时间的学习后，虽然明确了正确的创作方向，但由于不能全面掌握技巧，又可能显得控制性过强。然而，通过多次实践、理论上的明晰及实践中的体会，最终可以实现初步的统一。

可以说，控制性过多是脱离自然状态的开始，对此也不必过分担忧，因为这并不意味着走上了错误的创作道路。只要在不平衡中寻求平衡，并进一步加强控制性中的自如性，问题就可以得到顺利解决。

2. 规范性与多样性的和谐统一

1）规范性是播音语言的基本特点

规范性，指的是有声语言的准确、工整、质朴与缜密。规范性的要求远远大于我们对其的固有认知，其内涵应至少涵盖四个方面。

（1）字音的准确性和韵律美。字正腔圆、呼吸无声是有声语言表达的基本要求。在发音上需力求每个字都“如珠”般清晰，避免出字无力、立字干瘪、归音不到位等问题。同时，呼吸应平稳且无声，确保在语流中气流控制得当。

（2）格式的标准化和恰当的轻重格式处理。每个词汇、词组都有其约定俗成的轻重格式。不遵循这一规律，不仅会使语言显得杂乱无章，还可能影响语义的清晰度和语气的自然度。当然，正是因为这个“约定俗成”，在一定的语境下，这个“约定俗成”也会随着语境及语句目的的变化而约定俗成地产生相应的变化。例如，在语句中因并比关系突出某个音节为重音，轻重格式可以跟随着语境及语句的目的发生变化，如与“湖北”并比，“湖南”可变为中重格式。

（3）逻辑的严密性和流畅性。语句的停顿、连接和突出应遵循语法、主次和逻辑关系，确保有声语言表达不生硬、不拖沓、不呆板、不粘连，保持整体的连贯性。

（4）语势的平衡与情感的适中。播音时，应避免语势的大起大落和过分的情感渲染。情感色彩既要避免过于冷淡，也要防止过于浓烈，力求在平稳中展现变化，在分寸间把握情感的深浅。当然，在其他的有声语言表达形式中，如配音、朗诵、评书等，有时为了通过有声语言的表达营造意境、营造氛围，创作主体需要通过语势的云谲波诡、声音的大起大伏、气息的强弱对比来为受众营造出一个身临其境的“场”，从而达到创作主体与受众“愉悦共鸣”的目标。

规范性并不等同于呆板化、机械化和单一化。

2）多样性是有声语言表达教学与实践的长期弱点

长期以来，由于各种因素，人们在有声语言表达多样性的分析上显得不足，未能很好地实现规范性与多样性的融合。多样性主要体现在以下几个方面。

（1）捕捉个性与创造意境。每篇稿件都有其独特的个性，从内容、目的、基调到体裁、结构和语言特点都各具特色。同样的主导节奏都会和不同的辅助节奏进行组合搭配。不同的具体内容会产生不同的具体情感，不同的具体情感则会支配出不同的声气运用形式，从而营造出不同的意境。把握这些差异是创造深邃意境的关键。

（2）把握语气与塑造形象。语气是有声语言表达的核心技巧之一，它不仅传达播讲目的，还能带动丰富的语势变化。通过具体的声音形式的变化，可以展现创作主体的个人风格、表达内容的人物特征及不同文体的语言特点，从而彰显语言表达的多样性。单纯地为了突出技巧、以技巧的使用为有声语言表达的最终归宿，就会导致有声语言表达的意蕴美得不到充分的展现。

（3）灵活变换与情感表达。这包括思想感情的变化及声音、气息状态的转换。例如，深沉与欢快的感情要求不同的声音明暗度。单纯追求响亮声音（秀声音）的做法会削弱情感的表达，导致创作主体的有声语言表达缺乏多样性。

（4）追求美感与适当装饰。这里的装饰并非形式主义的粉饰，而是从美学角度处理有声语言表达中的情感、声音和气息。这样可以避免自然主义的倾向，使听众获得美的享受，从而将有声语言表达提升为一种存在于审美空间的艺术形式。

规范性与多样性是相互补充、和谐共存的。过分强调规范性可能导致单调和千篇一律，而过分追求多样性则可能导致混乱和无序。规范是共性要求，表达亦要彰显个性特征。在有声语言表达中，应努力将规范性融入多样性中，同时又将多样性体现在规范性里，实现两者的完美统一。只有将普遍性寓于特殊性之中，才能使有声语言表达艺术精妙绝伦。

第三节 情、声、气的结合需要注意的几个问题

未曾起调而先有情。情是有声语言表达的内涵，在理解稿件、具体感受的基础上注意设计，精细地调配与驾驭声音和气息，在自如控制的状态中进行表达；思想感情的运动状态要在发于衷的同时注意形于色，使面部表情、身体形态都有相应的变化。

要养成好习惯，在生活中要时时处处注意捕捉、观察、分析、解决情、声、气的关系，防止只局限在练声时、表达时才注意的错误方法。

要培养自己把握和运用情、声、气的能力，包括发现问题和解决问题的能力，发现进展、巩固收获的能力，举一反三、触类旁通的能力，见微知著、博采众长的能力等，防止囿于经验、迷信名家等简单模仿。简而言之，有声语言表达的出发点和落脚点是受众的审美愉悦。以情这一核心为主要诱导因素，判断、分析，不断打磨有声语言表达功力。

滴水穿石非一日之功，循序渐进、持之以恒地刻苦练习才是唯一正确的途径，任何“速成”流派的观点都是陷阱。一曝十寒是对业务的荒疏，沾沾自喜恰是停滞的开

端。狂妄自大无异于作茧自缚，心虚胆怯只能望洋兴叹。为了较为深广地解决情、声、气的关系，靠一时的热情、一个人的钻研是不成的，也许要花费毕生的精力甚至几代人的共同努力。清人郑板桥有一首诗可供我们自励："四十年间画竹枝，日间挥写夜间思。冗繁削尽留清瘦，画到生时是熟时。"

第四节 情、声、气的结合训练

卖火柴的小女孩

丹麦·安徒生

天冷极了，下着雪，又快黑了。这是一年的最后一天——大年夜。在这又冷又黑的晚上，一个乖巧的小女孩儿，赤着脚在街上走着。她从家里出来的时候还穿着一双拖鞋，但是有什么用呢？那是一双很大的拖鞋——那么大，一向是她妈妈穿的。她穿过马路的时候，两辆马车飞快地冲过来，吓得她把鞋都跑掉了。一只怎么也找不着，另一只叫一个男孩儿捡起来拿着跑了。他说，将来他有了孩子，可以拿它当摇篮。

小女孩儿只好赤着脚走，一双小脚冻得红一块青一块的。她的旧围裙里兜着许多火柴，手里还拿着一把。这一整天，谁也没买过她一根火柴，谁也没给过她一个钱。

可怜的小女孩儿！她又冷又饿，哆哆嗦嗦地向前走。雪花落在她的金黄的长头发上，那头发打成卷儿披在肩上，看上去很美丽，不过她没注意这些。每个窗子里都透出灯光来，街上飘着一股烤鹅的香味儿，因为这是大年夜——她可忘不了这个。

她在一座房子的墙角里坐下来，蜷着腿缩成一团。她觉得更冷了。她不敢回家，因为她没卖掉一根火柴，没挣到一个钱，爸爸一定会打她的。再说，家里跟街上一样冷。他们头上只有个房顶，虽然最大的裂缝已经用草和破布堵住了，风还是可以灌进来。

她的一双小手几乎冻僵了。啊，哪怕一根小小的火柴，对她也是有好处的！她敢从成把的火柴里抽出一根，在墙上擦燃了，来暖和暖和自己的小手吗？她终于抽出了一根。哧！火柴燃起来了，冒出火焰来了！她把小手拢在火焰上。多么温暖多么明亮的火焰啊，简直像一支小小的蜡烛。这是一道奇异的火光！小女孩儿觉得自己好像坐在一个大火炉前面，火炉装着闪亮的铜脚和铜把手，烧得旺旺的，暖烘烘的，多么舒服啊！哎，这是怎么回事呢？她刚把脚伸出去，想让脚也暖和一下，火柴灭了，火炉不见了。她坐在那儿，手里只有一根烧过了的火柴梗。

她又擦了一根。火柴燃起来了，发出亮光来了。亮光落在墙上，那儿忽然变得像薄纱那么透明，她可以一直看到屋里。桌上铺着雪白的台布，摆着精致的盘子和碗，肚子里填满了苹果和梅子的烤鹅正冒着香气。更妙的是这只鹅从盘子里跳下来，背上插着刀和叉，摇摇摆摆地在地板上走着，一直向这个穷苦的小女孩儿走来。这时候，火柴灭了，她面前只有一堵又厚又冷的墙。

她又擦着了一根火柴。这一回，她坐在美丽的圣诞树下。这棵圣诞树，比她去年圣诞节透过富商家的玻璃门看到的还要大，还要美。翠绿的树枝上点着几千支明晃晃的蜡烛，许多幅美丽的彩色画片，跟挂在商店橱窗里的一个样，在向她眨眼睛。小女孩儿向画片伸出手去。这时候，火柴又灭了。只见圣诞树上的烛光越升越高，最后成了在天空中闪烁的星星。有一颗星星落下来了，在天空中划出了一道细长的红光。

“有一个什么人快要死了。”小女孩儿说。唯一疼她的奶奶活着的时候告诉过她：一颗星星落下来，就有一个灵魂要到上帝那儿去了。

她在墙上又擦着了一根火柴。这一回，火柴把周围全照亮了。奶奶出现在亮光里，是那么温和，那么慈爱。

“奶奶！”小女孩儿叫起来，“啊！请把我带走吧！我知道，火柴一灭，您就会不见的，像那暖和的火炉，喷香的烤鹅，美丽的圣诞树一样，就会不见的！”

她赶紧擦着了一大把火柴，要把奶奶留住。一大把火柴发出强烈的光，照得跟白天一样明亮。奶奶从来没有像现在这样高大，这样美丽。奶奶把小女孩儿抱起来，搂在怀里。她俩在光明和快乐中飞走了，越飞越高，飞到那没有寒冷，没有饥饿，也没有痛苦的地方去了。

第二天清晨，这个小女孩儿坐在墙角里，两腮通红，嘴上带着微笑。她死了，在旧年的大年夜冻死了。新年的太阳升起来了，照在她小小的尸体上。小女孩儿坐在那儿，手里还捏着一把烧过了的火柴梗。

“她想给自己暖和一下。”人们说。谁也不知道她曾经看到过多么美丽的东西，她曾经多么幸福，跟着她奶奶一起走向新年的幸福中去。

月光曲

两百多年前，德国有个音乐家叫贝多芬，他谱写了许多著名的乐曲。其中有一首著名的钢琴曲叫《月光曲》，传说是这样谱成的。

有一年秋天，贝多芬去各地旅行演出，来到莱茵河边的一个小镇上。一天夜晚，他在幽静的小路上散步，听到断断续续的钢琴声从一所茅屋里传出来，弹的正是他的曲子。

贝多芬走近茅屋，琴声忽然停了，屋子里有人在谈话。一个姑娘说：“这首曲子多难弹啊！我只听别人弹过几遍，总是记不住该怎样弹。要是能听一听贝多芬自己是怎样弹的，那有多好啊！”一个男的说：“是啊，可是音乐会的入场券太贵了，咱们又太穷。”姑娘说：“哥哥，你别难过，我不过随便说说罢了。”

贝多芬听到这里，推开门，轻轻地走了进去。茅屋里点着一支蜡烛。在微弱的烛光下，男的正在做皮鞋。窗前有架旧钢琴，前面坐着一个十六七岁的姑娘，脸很清秀，可是眼睛失明了。

皮鞋匠看见进来个陌生人，站起来问：“先生，您找谁？走错门了吧？”贝多芬说：“不，我是来弹一首曲子给这位姑娘听的。”

姑娘连忙站起来让座。贝多芬坐在钢琴前面，弹起盲姑娘刚才弹的那首曲子。盲姑娘听得入了神，一曲弹完，她激动地说：“弹得多纯熟啊！感情多深哪！您，您就是贝多芬先生吧？”

贝多芬没有回答，他问盲姑娘：“您爱听吗？我再给您弹一首吧。”

一阵风把蜡烛吹灭了。月光照进窗子，茅屋里的一切好像披上了银纱，显得格外清幽。贝多芬望了望站在他身旁的兄妹俩，借着清幽的月光，按起了琴键。

皮鞋匠静静地听着。他好像面对着大海，月亮正从水天相接的地方升起来。微波粼粼的海面上，霎时间洒满了银光。月亮越升越高，穿过一缕一缕轻纱似的微云。忽然，海面上刮起了大风，卷起了巨浪。被月光照得雪亮的浪花，一个连一个朝着岸边涌过来……皮鞋匠看看妹妹，月光正照在她那恬静的脸上，照着她睁得大大的眼睛。她仿佛也看到了，看到了她从来没有看到过的景象，月光照耀下的波涛汹涌的大海。

兄妹俩被美妙的琴声陶醉了。等他们苏醒过来，贝多芬早已离开了茅屋。他飞奔回客店，花了一夜工夫，把刚才弹的曲子——《月光曲》记录了下来。

第九章

综合训练材料

一、人物语言训练

我有的只是热血、辛劳、眼泪和汗水

英国·丘吉尔

摆在我们面前的，是一场极为痛苦的严峻的考验。在我们面前，是漫长的战争和苦难的岁月。你们问：我们的政策是什么？我要说，我们的政策就是用我们全部能力，用上帝所给予我们的全部力量，在海上、陆地和空中进行战斗，同一个在人类黑暗悲惨的罪恶史上所从未有过的穷凶极恶的暴政进行战争。这就是我们的政策。你们问：我们的目标是什么？我可以用一个词来回答：胜利——不惜一切代价，去赢得胜利。无论多么可怕，也要赢得胜利，无论道路多么遥远和艰难也要赢得胜利。因为没有胜利，就不能生存。大家必须认识到这一点：没有胜利，就没有英帝国的存在，就没有英帝国所代表的一切，就没有促使人类朝着自己目标奋勇前进这一世代相因的强烈欲望和动力。但是当我挑起这个担子的时候，我是心情愉快、满怀希望的。我深信，人们不会听任我们的事业遭受失败。此时此刻，我觉得我有权利要求大家的支持，我要说："来吧，让我们同心协力，一道前进。"

《我的 1919》台词节选（一）

尊敬的主席阁下，尊敬的各位代表，我，我，我很失望，最高委员会无视中国人民的存在，出卖了作为战胜国的中国，我很愤怒，我很愤怒，你们凭什么，凭什么把中国的山东省送给日本人，中国人已经做到了仁至义尽，我想问问，这样一份丧权辱国的协约，谁能接受？！所以，我们拒绝签字，请你们记住，请你们记住，中国人永远不会忘记这沉痛的一天！

《我的 1919》台词节选（二）

请允许我在正式发言之前，让大家看一样东西。

（掏出金表）

（牧野发言：我的，我的怀表……）

进入会场之前，牧野先生为了讨好我，争夺山东的特权，把这块金表送给了我。

（牧野发言：我抗议，这是盗窃，中国代表偷了我的怀表，这是公开的盗窃！无耻！极端的无耻！）

牧野男爵愤怒了，他真的愤怒了，姑且算是我偷了他的金表，那么我倒想问问牧野男爵，你们日本，在全世界面前偷了整个山东省，山东省的三千六百万人民该不该愤怒，四万万中国人该不该愤怒！我想请问日本的这个行为算不算是盗窃，是不是无耻啊，是不是极端的无耻！！！

山东是中国文化的摇篮，中国的圣者孔子和孟子就诞生在这片土地上，孔子，孔子犹如西方的耶稣，山东是中国的，无论从经济方面还是战略上，还有宗教文化，中国不能失去山东，就像西方不能失去耶路撒冷！！！

尊敬的主席阁下，尊敬的各位代表，我很高兴能代表中国参加这次和会，我自感责任重大，因为我是代表了占全世界四分之一的中国人在这里发言，刚才牧野先生说中国是未出一兵一卒的战胜国，这是无视最起码的事实，请看（拿出照片），战争期间，中国派往欧洲的劳工就达十四万，他们遍布战场的各个角落，他们和所有战胜国的军人一样在流血，在牺牲。我想让大家再看一张在法国战场上牺牲的华工墓地照片，这样的墓地在法国在欧洲就有十几处，他们大多来自中国的山东省，他们为了什么，就是为了赢得这场战争！换回自己家园的和平和安宁！因此，中国代表团深信，会议在讨论中国山东省问题的时候，会考虑到中国基本的合法权益，也就是主权和领土完整，否则，亚洲将有无数的灵魂哭泣，世界不会得到安宁！

我的话完了，谢谢，谢谢！

《康熙王朝》台词节选

当朝大学士，统共有五位，朕不得不罢免四位；六部尚书，朕不得不罢免三位。看看这七个人吧，哪个不是两鬓斑白，哪个不是朝廷的栋梁，哪个不是朕的儿女亲家，他们烂了，朕心要碎了！祖宗把江山交到朕的手里，却搞成了这个样子，朕痛心疾首，朕有罪于国家，愧对祖宗，愧对天地，朕恨不得自己罢免了自己！还有你们，虽然个个冠冕堂皇站在朝上，你们，就那么干净吗？朕知道，你们当中有些人，比这七个人更腐败！朕劝你们一句，都把自己的心肺肠子翻出来，晒一晒，洗一洗，拾掇拾掇！朕刚即位的时候以为朝廷最大的敌人是鳌拜，灭了鳌拜，又以为最大的敌人是吴三桂，朕平了吴三桂，台湾又成了大清的心头之患，啊，朕收了台湾，噶尔丹又成了大清的心头之患。朕现在是越来越清楚了，大清的心头之患不在外边，而在朝廷，就在这乾清宫！就在朕的骨肉皇子和大臣们当中，咱们这儿烂一点，大清国就烂一片，你们要是全烂了，大清各地就会揭竿而起，让咱们死无葬身之地呀！想想吧，崇祯皇帝朱由检，吊死在煤山上才几年哪？忘了！那棵老歪脖子树还站在皇宫后边，天天盯着你们呢！朕已经三天三夜没有合眼了，总想着和大伙说些什么，可是话，总得有个头啊。想来想去，只有四个字（“正大光明”匾升起），这四个字，说说容易啊，身体力行又何其难？这四个字，是朕从心里刨出来的，从血海里挖出来的。记着，从今日起，此殿改为正大光明殿！好好看看……哦，你们都抬起头来，好好看看，想想自己，给朕看半个时辰。

《失恋 33 天》台词节选

嘛呢！嘛呢！我有没有告诉过你，不要再纠缠黄小仙！什么什么意思，上班路上拦，下班家门口堵。不接你电话，你就改写信，你丫够古典的呀。平时也就算了，还闹到这来，就算你不懂法，她旁边还站着一喘气儿的，你瞎啊！指，指，指什么指呀！大学老师没教过你要尊重人啊，小学老师没教过你，要懂文明，讲礼貌啊。小仙儿为什么和你分手，那点破事你心里没数啊。我们都懒得提了，你不害臊，小仙儿还替你丢人现眼呢。威胁我那，抢婚那，记错日子了吧，今天不是我跟小仙儿办事，我们俩办事一定通知你，今天是别人的大喜日子，打个电话问问你爹妈，这么做合适吗？好啦好啦，不害怕不害怕，我在呢，不害怕。

二、解说词训练

飞越这片辽阔的土地，我们仿佛踏入了一幅流动的画卷。脚下，是蜿蜒曲折的河流，它如同大地的血脉，滋养着这片生机勃勃的土地。河流两旁，郁郁葱葱的森林延绵不绝，绿意盎然，仿佛是大自然最慷慨的馈赠。

随着镜头缓缓拉升，我们看到了错落有致的村庄，炊烟袅袅升起，与天空中的云朵交织在一起，构成了一幅温馨而宁静的画面。农田里，稻谷泛着金黄，那是农人辛勤耕耘的见证，也是大地对勤劳者的回馈。

再往远处眺望，群山巍峨耸立，山峦叠嶂，云雾缭绕。山峰之间，瀑布如练，飞流直下，溅起层层水花，仿佛是大自然最壮美的乐章。而在这崇山峻岭之中，还隐藏着无数神秘的峡谷和幽深的洞穴，等待着勇敢的探索者去揭开它们的面纱。

此刻，我们仿佛与这片土地同呼吸共命运，感受到了它的辽阔与壮美，也感受到了它的温柔与细腻。这里的每一处风景，都是大自然精心雕琢的艺术品，让人流连忘返。

在这片神奇的土地上，人与自然和谐共生，共同编织着属于这片土地的传奇故事。让我们带着敬畏之心，继续探索这片未知的领域，感受大自然的无穷魅力。

四川篇

翱翔于四川上空，我们被这片天府之国的壮丽景色所震撼。脚下，是蜿蜒曲折的岷江，它如一条碧绿的绸带，穿越崇山峻岭，滋养着这片肥沃的土地。远处，九寨沟的碧波荡漾，五彩池的水色斑斓，仿佛是大自然最得意的调色盘。

随着镜头缓缓移动，我们看到了成都平原的广袤无垠，这里稻香四溢，是四川的粮仓。而城市之中，高楼林立，车水马龙，现代与古老在这里交织成一幅独特的画卷。

四川不仅有壮美的自然风光，还有深厚的文化底蕴。乐山大佛的庄严肃穆，三星堆的神秘莫测，都让人叹为观止。在这片土地上，每一块石头，每一滴水，都诉说着四川的故事。

陕西篇

飞越陕西，我们仿佛穿越千年时光。脚下，是八百里秦川的广袤，黄土高原的雄浑。远处，华山如剑，直插云霄，彰显着陕西的豪迈与坚韧。

西安古城墙巍峨耸立，见证了千年的沧桑巨变。而兵马俑的千军万马，更是让人感受到了大秦帝国的辉煌与霸气。在这里，每一块青砖，每一片瓦砾，都承载着历史的重量。

陕西不仅有悠久的历史，还有灿烂的文化。秦腔的高亢激昂，皮影戏的生动传神，都让人感受到了陕西人民的热情与智慧。在这片土地上，历史与现代交相辉映，共同谱写着陕西的新篇章。

山西篇

翱翔于山西上空，我们被这片黄土高原的壮美所吸引。脚下，是蜿蜒曲折的黄河，它如一条黄色的巨龙，奔腾不息。远处，五台山的佛光普照，云冈石窟的佛像庄严，彰显着山西的宗教文化。

随着镜头缓缓移动，我们看到了平遥古城的青砖黛瓦、乔家大院的富丽堂皇。这些古建筑不仅见证了山西的繁荣与衰落，更承载着山西人民的智慧与汗水。

山西不仅有壮美的自然风光，还有深厚的文化底蕴。晋商的辉煌历史，剪纸的精美绝伦，都让人感受到了山西的独特魅力。在这片土地上，每一块石头，每一片瓦砾，都讲述着山西的故事。

云南篇

飞越云南，我们仿佛进入了一个五彩斑斓的世界。脚下，是连绵不绝的山脉，它们如绿色的波浪，起伏跌宕。远处，丽江古城的宁静祥和，玉龙雪山的巍峨壮丽，构成了一幅绝美的画卷。

随着镜头缓缓移动，我们看到了大理洱海的碧波荡漾、西双版纳的热带雨林。这里的自然风光如诗如画，让人心旷神怡。

云南不仅有壮美的自然风光，还有多元的民族文化。白族的三道茶，傣族的泼水节，都让人感受到了云南人民的热情与好客。在这片土地上，每一个民族，每一种文化，都绽放着独特的光彩。

北京篇

翱翔于北京上空，我们被这座古老而又现代的城市所吸引。脚下，是具有深厚历史和文化底蕴的长安街，它如一条巨龙，贯穿着北京的心脏。远处，天安门广场的庄严肃穆，故宫的红墙黄瓦，彰显着北京的皇家气派。

随着镜头缓缓移动，我们看到了鸟巢的宏伟壮观、水立方的晶莹剔透。这些现代建筑不仅展示了北京的科技实力，更彰显了北京的国际风范。

北京不仅有壮美的自然风光，还有深厚的文化底蕴。胡同的古老韵味，京剧的悠扬唱腔，都让人感受到了北京的历史与传承。在这片土地上，古老与现代交相辉映，共同谱写着北京的新篇章。

三、导游词训练

九寨沟导游词

欢迎大家来到人间仙境——九寨沟！这里位于四川省阿坝藏族羌族自治州，是大自然赐予我们的一幅绝美画卷。九寨沟以翠湖、叠瀑、彩林、雪峰、藏情、蓝冰六绝而著称。

看，那片湖水如镜，五彩斑斓，这就是著名的五花海。它的颜色随着季节、天气的变化而变化，仿佛是大自然的调色盘。再往前走，就是珍珠滩瀑布了。瀑布如银链般悬挂，水花飞溅，在阳光下闪烁着晶莹的光芒。

九寨沟的原始森林也是一大亮点。这里树木葱茏，空气清新，是天然的氧吧。走在林间小道上，你可以感受到大自然的宁静与和谐。

此外，九寨沟还是藏族和羌族等少数民族的聚居地。这里的藏羌文化丰富多彩，你可以欣赏到藏族的歌舞、马术和羌族的刺绣、碉楼等特色文化。

在九寨沟，你可以尽情领略大自然的鬼斧神工和人文的独特魅力。请大家在游览过程中注意安全，保护环境，让我们共同守护这片美丽的土地。

故宫导游词

各位游客，欢迎来到故宫，这座举世闻名的皇家宫殿！故宫，又称紫禁城，是明清两代的皇宫，也是世界上现存规模最大、保存最完整的木质结构古建筑群之一。

走进故宫，首先映入眼帘的是午门，它是故宫的正门，威严而庄重。穿过午门，我们就来到了太和殿广场。太和殿是故宫中最大的殿堂，也是举行重大典礼的地方，如皇帝登基、大婚等。殿内的金碧辉煌，让人叹为观止。

接下来，我们将参观乾清宫、交泰殿、坤宁宫等后宫建筑。这些宫殿曾是皇帝和皇后的居所，每一处都充满了历史的痕迹和故事。在这里，你可以感受到古代皇家的气派与威严，也可以了解到皇宫内的生活习俗和礼仪制度。

故宫不仅是一座宫殿，更是一部活生生的历史教科书。这里的每一块砖、每一片瓦都承载着厚重的历史和文化。希望大家在游览过程中能够细心观察、认真聆听，感受故宫的博大精深和独特魅力。

丽江古城导游词

各位游客，欢迎大家来到美丽的丽江古城！丽江，这座充满纳西族风情的古城，依山傍水，布局错落有致，仿佛一幅动人的水墨画。

走进古城，首先映入眼帘的是那青石板铺就的小巷，两旁是古色古香的木质建筑，小桥流水人家，处处洋溢着古朴的气息。这里的建筑风格独特，融合了汉、藏、白、摩梭等民族的建筑特点，展现了丽江多元文化的魅力。

丽江古城不仅建筑美观，而且文化底蕴深厚。这里是纳西族的发源地，有着丰富的民族文化和历史遗迹。我们可以参观木府，了解纳西族土司的历史和文化；还可以前往四方街，感受古城的繁华和热闹。此外，丽江古城还是著名的旅游胜地，吸引着来自世界各地的游客前来观光旅游。

在丽江古城，你还可以品尝到地道的纳西族美食，如鸡豆凉粉、纳西烤鱼等，让你的味蕾也能感受到丽江的独特魅力。希望大家在游览过程中能够尊重当地的风俗习惯，保护环境，让我们共同守护这座美丽的古城。

黄山导游词

各位游客，欢迎大家来到壮美的黄山！黄山以奇松、怪石、云海、温泉四绝而闻名于世，被誉为“天下第一奇山”。

站在黄山之巅，你可以看到那些奇松挺拔苍翠，有的如龙蟠虬结，有的如凤展翅欲飞，形态各异，美不胜收。而那些怪石更是千姿百态，有的如猴观海，有的如梦笔生花，让人叹为观止。

黄山的云海也是一大奇观。当云雾弥漫时，整个黄山仿佛置身于仙境之中，那些山峰、松树在云海中若隐若现，宛如一幅动人的水墨画。此外，黄山还有温泉等自然景观，让你在游览之余也能享受到舒适的温泉浴。

在黄山，你还可以感受到浓厚的文化底蕴。这里的山水诗画、传说故事都充满了人文气息。我们可以参观黄山脚下的古村落，了解当地的风土人情和历史文化。希望大家在游览过程中能够注意安全，保护环境，让我们共同领略黄山的壮美与神奇。

长城导游词

各位游客，欢迎大家来到雄伟的长城！长城是中华民族的象征，也是世界文化遗产之一，它见证了中华民族的辉煌历史和坚韧不拔的精神。

我们现在所看到的是八达岭长城，它是明长城中保存最完整、最具代表性的段落之一。长城蜿蜒曲折，气势磅礴，仿佛一条巨龙在崇山峻岭之间腾飞。站在长城上，你可以感受到古代劳动人民的智慧和力量，他们用自己的双手和汗水筑起了这道坚不可摧的防线。

长城不仅是一道军事防线，更是一条文化纽带。它连接着中华民族的过去和现在，也连接着我们的心灵。在这里，你可以了解到长城的历史和文化背景，感受到中华民族的伟大和自豪。

此外，长城还是一处绝佳的观景平台。站在长城上，你可以远眺群山连绵、云雾缭绕的美景，也可以近观长城的雄伟壮观和细节之处。希望大家在游览过程中能够注意安全，保护环境，让我们共同领略长城的雄伟与壮观！

晋祠导游词

各位游客，大家好！欢迎来到历史悠久的晋祠，这里是山西省太原市的一颗璀璨明珠，也是中国古代建筑艺术的瑰宝。

晋祠，始建于西周时期，是为了纪念晋国开国诸侯唐叔虞及其母后邑姜而建的。经过历代的扩建和修缮，晋祠逐渐形成了今天我们所见的规模。这里不仅有着精美的古建筑群，还蕴含着深厚的历史文化底蕴。

大家请看，眼前的这座圣母殿，是晋祠的核心建筑，它创建于宋代，殿内供奉着邑姜的塑像，神态庄严，雍容华贵。圣母殿的周围，还有鱼沼飞梁、金人台等古建筑，它们与圣母殿相映成趣，共同构成了晋祠独特的建筑风貌。

此外，晋祠内还有许多珍贵的文物和碑刻，如唐碑亭内的唐太宗李世民手书碑刻《晋祠之铭并序》，是书法艺术的珍品。

漫步在晋祠的庭院中，你可以感受到古代建筑的精美与历史的厚重。无论是周柏、难老泉，还是侍女像，都让人流连忘返。希望大家在游览过程中，能够细细品味晋祠的独特魅力，感受中国古代文化的博大精深。

泰山导游词

各位游客，大家好！欢迎来到雄伟壮观的泰山，这里是中国的五岳之首，也是世界自然与文化双重遗产。

泰山，自古以来就是文人墨客、帝王将相朝拜祭祀的圣地。它巍峨挺拔，气势磅礴，仿佛一位巨人屹立在华夏大地之上。登上泰山，你可以俯瞰群山连绵，云海翻腾，感受“会当凌绝顶，一览众山小”的豪迈情怀。

泰山不仅有壮美的自然风光，还有丰富的文化内涵。沿途的碑刻、摩崖石刻，记录了历代文人墨客的足迹和感悟。而山顶的岱庙，更是泰山文化的集大成者，展示了泰山悠久的历史和独特的文化魅力。

在攀登泰山的过程中，你可以感受到古代劳动人民的智慧和力量。他们用自己的双手，在陡峭的山崖上开凿出了一条条通往山顶的道路。希望大家在游览过程中，能够尊重历史、保护环境，共同守护这份宝贵的文化遗产。

布达拉宫导游词

各位游客，大家好！欢迎来到世界屋脊上的明珠——布达拉宫，这里是西藏拉萨的标志性建筑，也是藏传佛教的圣地。

布达拉宫依山而建，气势恢宏，是藏传佛教格鲁派的政教合一中心。它始建于公元 7 世纪，经过历代的扩建和修缮，逐渐形成了今天我们所见的规模。布达拉宫的建筑风格独特，展现了藏族人民的智慧和创造力。

走进布达拉宫，你可以感受到浓厚的宗教氛围和独特的文化魅力。宫内的壁画、雕塑、唐卡等艺术品，都是无价之宝，展示了藏族人民的宗教信仰和艺术成就。

在游览过程中，请大家尊重当地的宗教信仰和风俗习惯，不要随意触摸文物和壁画。希望大家能够细细品味布达拉宫的独特魅力，感受藏族文化的博大精深。

长白山导游词

各位游客，大家好！欢迎来到神秘而美丽的长白山，这里是中国东北的瑰宝，也是世界自然遗产地。

长白山，以其巍峨的山峰、清澈的湖泊、茂密的森林和丰富的野生动植物资源而闻名于世。这里的天池，如同一面镜子镶嵌在群山之间，湖水清澈见底，四周云雾缭绕，仿佛仙境一般。

除了自然风光，长白山还有着丰富的文化内涵。这里是满族的发源地之一，有着悠久的历史和独特的民族文化。在游览过程中，你可以了解到满族的历史和文化，感受他们的智慧和创造力。

希望大家在游览长白山的过程中，能够尊重自然、保护环境，不要随意丢弃垃圾和破坏植被。让我们共同守护这份宝贵的自然遗产，感受长白山的独特魅力。

张家界导游词

各位游客，大家好！欢迎来到奇峰异石、风景如画的张家界，这里是中国湖南省的一颗璀璨明珠，也是世界自然遗产地。

张家界，以其独特的石英砂岩峰林地貌而闻名于世。这里的山峰高耸入云，形态各异，仿佛是大自然精心雕琢的艺术品。漫步在张家界的山间小道上，你可以感受到大自然的鬼斧神工和无穷魅力。

除了自然风光，张家界还有着丰富的文化内涵。这里是土家族、苗族等少数民族的聚居地，有着悠久的历史和独特的民族文化。在游览过程中，你可以了解到土家族、苗族的历史和文化，感受他们的热情和好客。

希望大家在游览张家界的过程中，能够尊重自然、保护环境，不要随意攀爬山峰和破坏植被。让我们共同守护这份宝贵的自然遗产，感受张家界的独特魅力。

洪崖洞导游词

各位游客，大家好！欢迎来到充满巴渝风情的洪崖洞，这里是重庆市渝中区的一处著名景点，也是国家 AAAA 级旅游景区。

洪崖洞，依山而建，错落有致，仿佛一座悬挂在山崖上的迷宫。这里的建筑风格独特，融合了巴渝传统建筑特色和吊脚楼元素，展现了重庆独特的地貌和建筑风貌。

走进洪崖洞，你可以感受到浓厚的巴渝文化氛围和独特的山城魅力。这里的街道狭窄而曲折，两旁是各式各样的商铺和餐馆，售卖着各种地道的重庆小吃和手工艺品。在游览过程中，你可以品尝到正宗的重庆火锅、酸辣粉等美食，感受重庆人的热情和豪爽。

此外，洪崖洞还是一处绝佳的观景平台。站在高处俯瞰嘉陵江和长江交汇处的壮丽景色，让人心旷神怡。希望大家在游览过程中，能够细细品味洪崖洞的独特魅力，感受重庆的山城风情。

武侯祠导游词

各位游客，大家好！欢迎来到历史悠久的武侯祠，这里是四川省成都市的一处著名景点，也是国家 AAAA 级旅游景区。

武侯祠，是为了纪念三国时期蜀汉丞相诸葛亮而建的祠堂。这里不仅有精美的古建筑群，还蕴含着深厚的历史文化底蕴。走进武侯祠，你可以感受到古代建筑的精美与历史的厚重。

武侯祠内的主要建筑包括大门、二门、刘备殿、诸葛亮殿等。其中，诸葛亮殿是武侯祠的核心建筑，殿内供奉着诸葛亮的塑像，神态庄重而睿智。在游览过程中，你可以了解到诸葛亮的一生事迹和卓越贡献，感受他的智慧和忠诚。

此外，武侯祠内还有许多珍贵的文物和碑刻，如唐碑、明碑等，都是无价之宝。这些文物和碑刻记录了历代文人墨客对诸葛亮的敬仰和怀念之情。希望大家在游览过程中，能够细细品味武侯祠的独特魅力，感受中国古代文化的博大精深。

永祚寺导游词

各位游客，大家好！欢迎来到历史悠久的永祚寺，这里是山西省太原市的一处著名景点，也是国家 AAAA 级旅游景区。

永祚寺，俗称双塔寺，因其内有两座高耸入云的古塔而得名。这两座古塔始建于明万历年间，经过历代的修缮和保护，至今仍然屹立不倒。它们不仅是太原市的标志性建筑之一，也是中国古代建筑艺术的瑰宝。

走进永祚寺，你可以感受到古代建筑的精美与历史的厚重。寺内的建筑布局合理、错落有致，每一处都充满了历史的痕迹和文化的底蕴。在游览过程中，你可以了解到永祚寺的历史沿革和文化内涵，感受古代建筑的独特魅力。

此外，永祚寺内还有许多珍贵的文物和碑刻，如明代碑刻、清代碑刻等，都是无价之宝。这些文物和碑刻记录了历代文人墨客对永祚寺的敬仰和怀念之情。希望大家在游览过程中，能够细细品味永祚寺的独特魅力，感受中国古代文化的博大精深。

四、广播词训练

地铁广播词 1

各位乘客，欢迎乘坐本次地铁列车。列车前往机场站。请您站稳扶好，注意脚下台阶。为了您和他人的安全，请勿在车厢内奔跑、嬉戏，也不要将头和手伸出窗外。列车行驶过程中，可能会有轻微晃动，请您保持平衡。如有需要，请随时联系车厢内的工作人员。我们将竭诚为您服务，祝您旅途愉快！

地铁广播词 2

亲爱的乘客们，感谢您选择地铁出行。本次列车即将到达机场站，请下车的乘客提前做好准备，带好您的随身物品。为了保持车厢内的清洁卫生，请勿随地吐痰、乱扔垃圾。同时，也请您尊重其他乘客，不要大声喧哗，共同营造一个舒适的乘车环境。列车到站后，请有序下车，注意安全。期待您的再次乘坐，祝您一路顺风！

地铁广播词 3

各位乘客，请注意，本次地铁列车即将到达终点站机场站。感谢您一路的陪伴与支持。在列车停靠期间，请您带好随身物品，有序下车。为了您下次的乘车便利，请您对车厢内的设施提出宝贵意见。我们将不断努力，提升服务质量。期待您的再次乘坐，祝您一切顺利！

地铁广播词 4

各位乘客，请注意，由于前方站点施工原因，本次地铁列车将临时停靠机场站，稍作停留。请您耐心等待，不要慌张。在此期间，如有任何疑问或需要帮助，请随时联系车厢内的工作人员。我们将尽力为您提供便利和支持。感谢您的理解与配合，祝您旅途顺利！

地铁广播词 5

各位乘客，欢迎乘坐本次地铁列车。现在是早晚高峰时段，车厢内可能较为拥挤，请您相互理解、谦让有序。为了您和他人的安全与健康，请勿在车厢内饮食或随地吐痰。如有特殊需求或需要帮助，请随时告知工作人员。我们将竭诚为您服务，祝您出行顺利！

地铁广播词 6

各位乘客，请注意，本次地铁列车即将到达换乘站机场站。需换乘其他线路的乘客，请提前做好准备，并留意换乘指示标志。在换乘过程中，请您保持秩序，不要拥挤或奔跑。如有任何疑问或需要帮助，请随时联系工作人员。我们将为您提供便捷的换乘服务，祝您出行顺利！

火车广播词 1

各位旅客，欢迎乘坐本次列车。列车即将从成都南站出发，前往成都东方向。请您核对好自己的车票信息，以免坐错车次。列车行驶过程中，请遵守车厢内的各项规定，不要随意走动，以免发生意外。如有紧急情况，请及时按下紧急制动按钮或联系列车员。我们将为您提供周到的服务，祝您旅途平安！

火车广播词 2

亲爱的旅客们，列车即将到达成都东站，请下车的旅客提前做好准备。在列车停靠期间，请您不要离开车厢，以免错过开车时间。同时，也请您注意保管好自己的贵重物品，防止丢失。列车到站后，请有序下车，不要拥挤。感谢您的配合与支持，祝您旅途愉快！

火车广播词 3

亲爱的旅客们，列车即将进入夜间行驶阶段。请您调整好自己的座位，保持舒适姿势。为了不打扰其他旅客休息，请您尽量降低音量，不要大声交谈。同时，也请您注意保管好个人物品，确保安全。如有需要，列车员会随时为您提供帮助。祝您晚安，旅途愉快！

火车广播词 4

亲爱的旅客们，列车即将经过一段山区路段，可能会有一些颠簸和摇晃。请您站稳扶好，注意自身安全。同时，也请您不要随意走动或打开车窗，以免发生意外。如有紧急情况或需要帮助，请及时联系列车员。我们将全力保障您的安全与舒适，祝您旅途愉快！

火车广播词 5

亲爱的旅客们，列车即将到达成都中转站，需要进行短暂的停留和换乘工作。请您留意自己的车票信息，确认换乘车次和时间。在此期间，请您不要离开车厢或随意走动，以免错过换乘时机。如有任何疑问或需要帮助，请随时联系列车员。我们将为您提供全方位的服务和支持，祝您旅途愉快！

火车广播词 6

亲爱的旅客们，列车即将进入隧道区段，车厢内可能会暂时变暗并有一些噪声。请您不要惊慌，保持镇定。同时，也请您注意不要随意走动或打开车窗，以确保安全。如有紧急情况或需要帮助，请及时联系列车员。我们将全力保障您的安全与舒适，祝您旅途愉快、平安到达！

飞机广播词 1

各位旅客，欢迎乘坐本次航班。飞机即将从成都机场起飞，前往北京。请您系好安全带，关闭手机等电子设备。为了您的安全，请勿在机舱内吸烟或使用明火。飞机起飞和降落时，可能会有一些颠簸，请您保持镇定。如有需要，请随时呼叫乘务员。我们将为您提供优质的服务，祝您飞行愉快！

飞机广播词 2

亲爱的旅客们，飞机即将进入平飞阶段，您可以解开安全带，适当活动一下身体。为了保持机舱内的安静和舒适，请您不要大声喧哗，也不要随意走动。同时，我们也为您准备了丰富的机上娱乐节目和美食，希望您能享受这段美好的飞行时光。如有任何疑问或需求，请随时告知乘务员。祝您旅途愉快！

飞机广播词 3

各位旅客，飞机即将开始下降，请您再次系好安全带，确保安全。在飞机降落过程中，可能会有一些耳压变化，请您做吞咽动作或嚼口香糖来缓解。同时，也请您关闭所有电子设备，确保飞行安全。感谢您本次的乘坐与支持。飞机降落后，请有序下机，不要拥挤。祝您旅途愉快，期待下次再见！

飞机广播词 4

亲爱的旅客们，感谢您选择我们的航班。飞机即将抵达成都机场，结束本次愉快的飞行旅程。在飞机停靠期间，请您保持座位不动，等待乘务员的指示。同时，也请您带好随身物品，不要遗漏。如有需要，我们可以为您提供行李提取等后续服务。再次感谢您的乘坐与支持，祝您一路平安！

飞机广播词 5

各位旅客，感谢您选择我们的航班。飞机即将进入巡航阶段，您可以享受美味的机上餐食和精彩的娱乐节目。为了您的舒适和健康，请您适时调整座椅靠背和空调温度。同时，也请您遵守机舱内的各项规定，确保飞行安全。如有任何需求或疑问，请随时呼叫乘务员。我们将竭诚为您服务，祝您飞行愉快！

飞机广播词 6

亲爱的旅客们，飞机即将抵达目的地成都机场。在飞机降落前，请您再次确认自己的随身物品是否齐全，并系好安全带。降落过程中可能会有一些颠簸和耳压变化，请您做好相应准备。飞机停稳后，请有序下机，不要拥挤或慌乱。感谢您的乘坐与支持，祝您旅途愉快，期待下次再见！

五、文章训练

岁月悠长，静好如初

岁月，是一条悠长的河流，缓缓流淌，无声无息，却带走了我们太多的故事与记忆。在这条河流中，我们每个人都是那漂泊的舟，或顺流而下，或逆流而上，经历着风雨，也享受着阳光。而我，愿意在这悠长的岁月里，静守一份安然，让心灵得以栖息，让生活如初般美好。

清晨，当第一缕阳光透过窗帘的缝隙，悄悄地洒在我的脸上，我便知道，新的一天又开始了。我喜欢这样的时刻，宁静而祥和，仿佛整个世界都还在沉睡，而我，已经醒来，准备迎接新的一天。我起身，拉开窗帘，让阳光尽情地洒满房间，也洒进我的心里。窗外，是忙碌的世界，车水马龙，人声鼎沸，而我，却在这喧嚣中寻得了一份宁静。

我喜欢在清晨的时光里，泡上一杯热茶，静静地坐在窗边，看着窗外的风景。有时候，会看到几只小鸟在树枝间跳跃嬉戏，它们的欢声笑语，仿佛也在诉说着生活的美好。有时候，会看到邻居家的老奶奶在院子里晾晒衣服，那熟练的动作，那慈祥的笑容，都让我感受到生活的温馨与和谐。这些看似平凡的瞬间，却构成了我生活中最真实、最动人的画面。

岁月悠长，我们都在时光的洪流中慢慢成长。曾经的我们，或许天真烂漫，或许懵懂无知，但随着时间的流逝，我们学会了坚强，学会了勇敢，也学会了珍惜。我们懂得了，生活不仅仅有诗和远方，还有眼前的苟且和日常的琐碎。但这些苟且和琐碎，却也是我们生活的一部分，是它们让我们的生活变得更加丰富多彩，更加有滋有味。

在岁月的长河中，我们遇到了形形色色的人，经历了各种各样的事。有的人，成了我们生命中的过客，匆匆而来，匆匆而去；有的人，却成了我们生命中的贵人，陪伴我们走过一段又一段的旅程。这些相遇和别离，都让我们的生命变得更加厚重，更加有深度。我们学会了感恩，感谢那些在我们生命中留下痕迹的人，感谢他们带给我们的欢笑和泪水，感谢他们让我们的人生变得更加精彩。

岁月如歌，生活如诗。在悠长的岁月里，我们学会了静守一份安然，学会了在喧嚣中寻找宁静，学会了在平凡中发现美好。我们不再追逐名利，不再攀比虚荣，而是懂得了珍惜眼前人，珍惜眼前的幸福。我们学会了放慢脚步，去聆听生活的声音，去感受大自然的韵律，去欣赏身边的风景。

有时候，我会想，岁月究竟给了我们什么？是沧桑？是成熟？还是智慧？或许，都有吧。但更重要的是，岁月给了我们一颗平静的心，一颗懂得感恩的心，一颗能够欣赏生活的心。有了这颗心，无论岁月如何流转，无论生活如何变迁，我们都能够保持一份淡然和从容，都能够静好如初。

岁月悠长，静好如初。愿我们都能在时光的洪流中，保持一份纯真和善良，保持一份热爱和执着。愿我们都能珍惜眼前的每一刻，珍惜身边的每一个人，让生命因珍惜而美好，因热爱而灿烂。愿我们都能在岁月的长河中，留下属于自己的独特印记，让生命之花永远绽放。

张家界之韵，自然之歌

在华夏大地的腹地，有一片被大自然特别宠爱的土地，它以奇峰秀水、幽谷深林著称，宛如一幅动人心魄的山水画卷，静静地铺展在世人面前，这便是张家界。这里，是山的海洋，是水的故乡，是梦开始的地方，每一寸土地都散发着迷人的魅力，让人流连忘返。

走进张家界，首先映入眼帘的是那连绵不绝的山峦，它们或高耸入云，或低矮连绵，形态各异，千姿百态。这些山峰，仿佛是大地的脊梁，挺立着，坚守着，诉说着千年的沧桑与变迁。它们有的如剑指苍穹，锋利无比；有的似老僧入定，沉稳安详；还有的宛如少女含羞，温婉可人。每一座山，都有其独特的韵味，都有其动人的故事，让人不禁驻足观赏，沉醉其中。

张家界的山，不仅形态各异，而且色彩斑斓。清晨，当第一缕阳光洒在山巅，整个山谷仿佛被镀上了一层金辉，山峰在阳光的照耀下，更显雄伟壮观。傍晚时分，夕阳西下，天边染上了一抹绚烂的红霞，山峰在红霞的映衬下，变得更加神秘莫测。而雨后的张家界，更是别有一番风味，山雾缭绕，如同仙境一般，让人仿佛置身于梦幻之中。

除了奇峰，张家界的水也是一绝。这里的溪流清澈见底，潺潺流淌，宛如一曲悠扬的乐章，奏响了大自然的和谐之音。金鞭溪，作为张家界的标志性景观之一，其水质之清，景色之美，令人叹为观止。沿着溪边漫步，只见溪水在石间穿梭，溅起朵朵水花，发出悦耳的声响。两岸的树木郁郁葱葱，山花烂漫，与溪水相映成趣，构成了一幅美丽的画卷。

而张家界的瀑布，更是壮观至极。它们或从悬崖峭壁间飞流直下，气势磅礴；或从山间缓缓流淌，温婉动人。每一处瀑布，都有其独特的魅力，都让人感受到大自然的鬼斧神工。站在瀑布前，只见水雾弥漫，凉风拂面，仿佛置身于一个天然的大氧吧之中，让人心旷神怡，忘却尘世的烦恼。

张家界的森林，也是其独特的魅力所在。这里的森林茂密繁盛，树种繁多，珍稀动植物屡见不鲜。漫步在森林中，只见古木参天，遮天蔽日，阳光透过树叶的缝隙洒下斑驳的光影，宛如一幅幅自然的画作。耳边是鸟鸣虫唱，鼻尖是花香草气，让人仿佛置身于一个神秘的童话世界之中。

张家界不仅自然景观令人叹为观止，其人文风情也同样引人入胜。这里的土家族、苗族等少数民族文化丰富多彩，民俗风情独特迷人。走进土家寨子，只见吊脚楼错落有致，青石板路蜿蜒曲折，土家族的歌舞、美食、手工艺等无不散发着迷人的魅力。而苗族的银饰、刺绣、蜡染等更是精美绝伦，让人赞叹不已。

张家界，这片被大自然宠爱的土地，以其独特的自然景观和丰富的人文风情吸引着无数游客前来探寻。在这里，你可以感受到大自然的壮丽与神奇，也可以领略到少数民族文化的独特与魅力。张家界，是一首自然之歌，是一幅山水画卷，是一首永恒的诗篇，让人沉醉其中，流连忘返。

岁月里的温暖同行——我与朋友的那些事儿

在人生的长河中，我们总会遇到那么一些人，他们像星辰一样，在我们的生命里闪耀，给我们的生活带来光亮和温暖。这些人，就是我们的朋友。今天，我想讲讲我与朋友之间的那些故事，那些在岁月里留下深刻印记的温暖同行。

记得那是一个初秋的傍晚，天空泛着淡淡的蓝紫色，微风中带着一丝凉意。我刚转入新学校，一切都显得那么陌生，那么不适应。我独自坐在操场的角落，望着远处嬉笑打闹的同学，心中满是孤独和落寞。就在这时，一个身影走到了我的面前，是后来成为我挚友的小林。

“嗨，新同学，怎么一个人坐在这儿？”他笑眯眯地看着我，眼神里充满了友好和热情。

我愣了愣，随即尴尬地笑了笑：“没什么，就是有点不适应。”

“别担心，我刚来的时候也一样。来，我带你去认识认识大家。”说着，他拉起我的手，朝那群嬉笑的同学们走去。

从那以后，小林就像是我的向导一样，带我融入了新的集体。我们一起上课，一起下课，一起打球，一起聊天。他的乐观和开朗感染了我，让我渐渐忘记了孤独和不适。我们之间的友谊，就像那颗初秋傍晚的天空中的星星，虽然不起眼，但却在黑暗中闪烁着温暖的光芒。

有一次，我因为家庭的原因，心情异常低落。我独自躲在教室的角落里，默默地流泪。小林发现了我的异常，他悄悄地走到我身边，没有问太多，只是静静地陪着我。过了一会儿，他递给我一张纸巾，轻声说：“想哭就哭吧，哭出来会好受些。但记得，无论发生什么，我都会在你身边。”

那一刻，我的心被深深地触动了。我抬头看着他，眼中满是感激。那一刻，我明白了什么是真正的朋友，就是在你最需要的时候，无声地陪伴在你身边，给你力量和支持。

随着时间的推移，我们的友谊越来越深厚。我们一起经历了许多第一次：第一次一起参加学校的运动会，第一次一起熬夜准备考试，第一次一起出去旅行。每一次的经历，都让我们的友谊更加坚固，更加珍贵。

然而，人生总有离别。高中毕业后，我们因为各自的原因，选择了不同的大学，开始了各自的新生活。虽然我们不能像以前那样天天见面，但我们的友谊并没有因此而淡去。我们依然保持着联系，分享着彼此的生活和心情。每当我有困难或者迷茫的时候，我总会想起小林，想起他那种乐观和坚定的眼神，想起他曾经说过的话："无论发生什么，我都会在你身边。"

如今，我们已经走过了多年的友谊之路。虽然岁月流转，但我们的友谊依然如初。每当回想起那些与小林一起度过的日子，我的心中总是充满了温暖和感激。我知道，无论未来怎样，他都会是我生命中最重要的朋友之一。

朋友，就像是我们人生旅途中的灯塔，照亮我们前行的道路；就像是我们生命中的暖阳，温暖我们的心灵。我很幸运，能在人生的长河中遇到小林这样的朋友，与我一起走过那些难忘的日子，留下那些珍贵的回忆。愿我们的友谊天长地久，愿我们在未来的日子里，依然能温暖同行。

六、新闻稿训练

中国经济一月纪事——不负冰雪[①]

进入新年以来，各地各部门全力落实中央经济工作会议精神，稳定预期、激发活力，推动经济持续回升向好，开启大有可为的新年序幕。中国之声 13 日起推出特别策划《中国经济一月纪事》，多路记者深入各地、各行业，感受充满朝气的活力中国。

哈尔滨作为极具代表性的中国冰雪文化城市，正以亚冬会为契机，打造消费新场景、推动产业新增长。

① 摘自央广网：https://china.cnr.cn/news/20250113/t20250113_527039176.shtml。

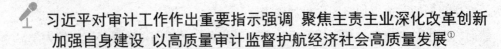

习近平对审计工作作出重要指示强调 聚焦主责主业深化改革创新 加强自身建设 以高质量审计监督护航经济社会高质量发展[①]

中共中央总书记、国家主席、中央军委主席习近平近日对审计工作作出重要指示指出，审计是党和国家监督体系的重要组成部分。近年来，审计机关围绕党和国家工作大局，立足经济监督定位，在促进经济健康发展、维护国家经济安全、揭示风险隐患、推动反腐治乱等方面发挥了积极作用。

习近平强调，新征程上，要以新时代中国特色社会主义思想为指导，坚持党中央对审计工作的集中统一领导，聚焦主责主业，深化改革创新，加强自身建设，着力构建集中统一、全面覆盖、权威高效的审计监督体系，不断提高审计监督质效，以高质量审计监督护航经济社会高质量发展，为以中国式现代化全面推进强国建设、民族复兴伟业作出新的贡献。

全国审计工作会议暨全国审计机关先进集体和先进工作者表彰大会 1 月 10 日至 11 日在北京召开。会上，国务委员兼国务院秘书长吴政隆传达习近平重要指示，80 个全国审计机关先进集体、45 名先进工作者受到表彰。

习近平回信勉励国家京剧院青年艺术工作者 坚持崇德尚艺 守正创新 让京剧艺术持续焕发时代光彩[②]

近日，中共中央总书记、国家主席、中央军委主席习近平给国家京剧院青年艺术工作者回信，在国家京剧院成立 70 周年之际，向全体演职人员表示祝贺和问候。

习近平在回信中说，国家京剧院成立以来，贯彻党的文艺方针政策，创排了许多经典剧目，涌现出不少优秀艺术人才，为中华戏曲百花园增添了绚丽色彩。新起点上，希望你们传承前辈名家优良传统，践行艺术为民，坚持崇德尚艺、守正创新，让京剧艺术持续焕发时代光彩，为繁荣文艺事业、建设文化强国贡献力量。

国家京剧院是文化和旅游部直属国家艺术院团，前身为 1955 年 1 月成立的中国京

---

① 摘自央广网：https://china.cnr.cn/news/sz/20250112/t20250112_527038673.shtml。

② 摘自央广网：https://china.cnr.cn/news/sz/20250111/t20250111_527037924.shtml。

剧院，梅兰芳担任首任院长，2007 年更名为国家京剧院。近日，国家京剧院全体青年艺术工作者给习总书记写信，汇报传承京剧艺术相关情况，表达为繁荣发展京剧事业、弘扬中华优秀传统文化而奋斗的决心。

李强主持召开国务院党组会议 学习贯彻习近平总书记在二十届中央纪委四次全会上的重要讲话和全会精神 丁薛祥出席[①]

1 月 10 日，国务院总理、党组书记李强主持召开国务院党组会议，学习贯彻习近平总书记在二十届中央纪委四次全会上的重要讲话和全会精神，部署进一步推动政府党风廉政建设和反腐败斗争。

会议指出，习近平总书记在二十届中央纪委四次全会上发表的重要讲话，为深入推进全面从严治党、党风廉政建设和反腐败斗争提供了根本遵循。国务院党组和国务院各部门党组（党委）要切实把思想和行动统一到习近平总书记重要讲话精神和中央纪委四次全会部署上来，进一步增强政治自觉，把拥护“两个确立”、做到“两个维护”，体现到扎实推动高质量发展、推进全面从严治党的实际行动中。

会议指出，要增强忧患意识，坚定决心信心，把政府党风廉政建设和反腐败斗争不断引向深入。要强化正风肃纪，巩固深化党纪学习教育成果，持续纠治“四风”。要强化反腐倡廉，严肃查处以权谋私、权钱交易、利益勾连等问题。要强化制度保障，用制度管权管钱管人，着力铲除腐败滋生的土壤和条件。

会议强调，国务院党组要坚持用改革精神和严的标准，切实担负起全面从严治党主体责任。要从严从实加强政府自身建设，进一步提升政府履职能力，奋发有为做好经济社会发展各项工作。党组同志要履行好“一岗双责”，加强党性修养，带头廉洁自律，永葆清正廉洁本色。

丁薛祥、何立峰、张国清、刘国中、王小洪、吴政隆、谌贻琴出席。

---

① 摘自央广网：https://china.cnr.cn/news/sz/20250111/t20250111_527037922.shtml。

“马力十足”再创新高 2024 年我国汽车产销双双超过 3 100 万辆[1]

中国汽车工业协会 13 日发布数据，2024 年我国汽车产销量分别完成 3 128.2 万辆和 3 143.6 万辆，同比分别增长 3.7%和 4.5%。新能源汽车产销数量均突破 1 200 万辆，连续十年领跑全球。

2024 年，受以旧换新政策带动，汽车市场消费回暖。老旧车辆的淘汰更新刺激了新车销量的增长，也推动了汽车消费的升级换代。

2024 年以来，我国新能源汽车产销量提速，全年产销累计完成 1 288.8 万辆和 1 286.6 万辆，新能源汽车新车销量达到汽车新车总销量的 40.9%，各大新能源车企的销量创出历史新高。

中国汽车工业协会预计，2025 年，我国汽车总销量将达到 3 290 万辆，同比增长 4.7%。其中，新能源汽车销量 1 600 万辆，同比增长 24.4%。新能源汽车智能化将进入全面加速期。

美国加州山火已致至少 16 人死亡 16 人失踪[2]

根据美国加利福尼亚州救灾部门 12 日上午公布的最新情况，环绕洛杉矶县的四场山火过火面积总计超过 160 平方公里，比旧金山市区面积还大。最新数据显示，山火已导致 16 人死亡、16 人失踪，相关数字随着搜救工作展开预计进一步增加。目前，洛杉矶县共有 15 万居民处于疏散状态，其中超过 700 人住在临时避难所中。

因抢劫和盗窃行为不断出现，部分强制疏散区域已实施宵禁。洛杉矶县警方 12 日表示，在洛杉矶山火期间被捕的总人数已增至 29 人。逮捕的原因包括违反宵禁、携带隐蔽枪支和毒品相关指控，还有部分人员因假扮消防员进出房屋被捕。

---

① 摘自央广网：https://china.cnr.cn/news/20250114/t20250114_527040446.shtml。

② 摘自央广网：https://china.cnr.cn/news/20250113/t20250113_527039169.shtml。

七、古诗训练

关雎

关关雎鸠，在河之洲。
窈窕淑女，君子好逑。
参差荇菜，左右流之。
窈窕淑女，寤寐求之。
求之不得，寤寐思服。
悠哉悠哉，辗转反侧。
参差荇菜，左右采之。
窈窕淑女，琴瑟友之。
参差荇菜，左右芼之。
窈窕淑女，钟鼓乐之。

蒹葭

蒹葭苍苍，白露为霜。
所谓伊人，在水一方。
溯洄从之，道阻且长。
溯游从之，宛在水中央。
蒹葭萋萋，白露未晞。
所谓伊人，在水之湄。
溯洄从之，道阻且跻。
溯游从之，宛在水中坻。
蒹葭采采，白露未已。
所谓伊人，在水之涘。
溯洄从之，道阻且右。

溯游从之，宛在水中沚。

龟虽寿

曹操

神龟虽寿，犹有竟时。
腾蛇乘雾，终为土灰。
老骥伏枥，志在千里。
烈士暮年，壮心不已。
盈缩之期，不但在天。
养怡之福，可得永年。
幸甚至哉，歌以咏志。

短歌行

曹操

对酒当歌，人生几何！
譬如朝露，去日苦多。
慨当以慷，忧思难忘。
何以解忧？唯有杜康。
青青子衿，悠悠我心。
但为君故，沉吟至今。
呦呦鹿鸣，食野之苹。
我有嘉宾，鼓瑟吹笙。
明明如月，何时可掇？
忧从中来，不可断绝。
越陌度阡，枉用相存。
契阔谈讌，心念旧恩。
月明星稀，乌鹊南飞。

绕树三匝，何枝可依？
山不厌高，海不厌深。
周公吐哺，天下归心。

饮酒·其五

陶渊明

结庐在人境，而无车马喧。
问君何能尔？心远地自偏。
采菊东篱下，悠然见南山。
山气日夕佳，飞鸟相与还。
此中有真意，欲辨已忘言。

春江花月夜

张若虚

春江潮水连海平，海上明月共潮生。
滟滟随波千万里，何处春江无月明！
江流宛转绕芳甸，月照花林皆似霰；
空里流霜不觉飞，汀上白沙看不见。
江天一色无纤尘，皎皎空中孤月轮。
江畔何人初见月？江月何年初照人？
人生代代无穷已，江月年年只相似。
不知江月待何人，但见长江送流水。
白云一片去悠悠，青枫浦上不胜愁。
谁家今夜扁舟子？何处相思明月楼？
可怜楼上月徘徊，应照离人妆镜台。
玉户帘中卷不去，捣衣砧上拂还来。
此时相望不相闻，愿逐月华流照君。

鸿雁长飞光不度，鱼龙潜跃水成文。
昨夜闲潭梦落花，可怜春半不还家。
江水流春去欲尽，江潭落月复西斜。
斜月沉沉藏海雾，碣石潇湘无限路。
不知乘月几人归，落月摇情满江树。

春晓

孟浩然

春眠不觉晓，处处闻啼鸟。
夜来风雨声，花落知多少。

登鹳雀楼

王之涣

白日依山尽，黄河入海流。
欲穷千里目，更上一层楼。

黄鹤楼

崔颢

昔人已乘黄鹤去，此地空余黄鹤楼。
黄鹤一去不复返，白云千载空悠悠。
晴川历历汉阳树，芳草萋萋鹦鹉洲。
日暮乡关何处是？烟波江上使人愁。

静夜思

李白

床前明月光，疑是地上霜。

举头望明月，低头思故乡。

将进酒

李白

君不见黄河之水天上来，奔流到海不复回。
君不见高堂明镜悲白发，朝如青丝暮成雪。
人生得意须尽欢，莫使金樽空对月。
天生我材必有用，千金散尽还复来。
烹羊宰牛且为乐，会须一饮三百杯。
岑夫子，丹丘生，将进酒，君莫停。
与君歌一曲，请君为我侧耳听。
钟鼓馔玉不足贵，但愿长醉不复醒。
古来圣贤皆寂寞，惟有饮者留其名。
陈王昔时宴平乐，斗酒十千恣欢谑。
主人何为言少钱，径须沽取对君酌。
五花马，千金裘，呼儿将出换美酒，与尔同销万古愁。

望庐山瀑布

李白

日照香炉生紫烟，遥看瀑布挂前川。
飞流直下三千尺，疑是银河落九天。

早发白帝城

李白

朝辞白帝彩云间，千里江陵一日还。
两岸猿声啼不住，轻舟已过万重山。

春望

杜甫

国破山河在，城春草木深。
感时花溅泪，恨别鸟惊心。
烽火连三月，家书抵万金。
白头搔更短，浑欲不胜簪。

春夜喜雨

杜甫

好雨知时节，当春乃发生。
随风潜入夜，润物细无声。
野径云俱黑，江船火独明。
晓看红湿处，花重锦官城。

滁州西涧

韦应物

独怜幽草涧边生，上有黄鹂深树鸣。
春潮带雨晚来急，野渡无人舟自横。

游山西村

陆游

莫笑农家腊酒浑，丰年留客足鸡豚。
山重水复疑无路，柳暗花明又一村。
箫鼓追随春社近，衣冠简朴古风存。
从今若许闲乘月，拄杖无时夜叩门。

示儿

陆游

死去元知万事空，但悲不见九州同。
王师北定中原日，家祭无忘告乃翁。

凉州词

王翰

葡萄美酒夜光杯，欲饮琵琶马上催。
醉卧沙场君莫笑，古来征战几人回？

泊秦淮

杜牧

烟笼寒水月笼沙，夜泊秦淮近酒家。
商女不知亡国恨，隔江犹唱后庭花。

江南春

杜牧

千里莺啼绿映红，水村山郭酒旗风。
南朝四百八十寺，多少楼台烟雨中。

清明

杜牧

清明时节雨纷纷，路上行人欲断魂。
借问酒家何处有？牧童遥指杏花村。

秋夕

杜牧

银烛秋光冷画屏，轻罗小扇扑流萤。
天阶夜色凉如水，卧看牵牛织女星。

乐游原

李商隐

向晚意不适，驱车登古原。
夕阳无限好，只是近黄昏。

无题

李商隐

相见时难别亦难，东风无力百花残。
春蚕到死丝方尽，蜡炬成灰泪始干。
晓镜但愁云鬓改，夜吟应觉月光寒。
蓬山此去无多路，青鸟殷勤为探看。

八、古词训练

虞美人·春花秋月何时了

李煜

春花秋月何时了？往事知多少。小楼昨夜又东风，故国不堪回首月明中。　　雕栏玉砌应犹在，只是朱颜改。问君能有几多愁？恰似一江春水向东流。

相见欢·无言独上西楼

李煜

无言独上西楼，月如钩。寂寞梧桐深院锁清秋。　　剪不断，理还乱，是离愁。别是一般滋味在心头。

如梦令·常记溪亭日暮

李清照

常记溪亭日暮，沉醉不知归路。兴尽晚回舟，误入藕花深处。　　争渡，争渡，惊起一滩鸥鹭。

一剪梅·红藕香残玉簟秋

李清照

红藕香残玉簟秋。轻解罗裳，独上兰舟。云中谁寄锦书来，雁字回时，月满西楼。

花自飘零水自流。一种相思，两处闲愁。此情无计可消除，才下眉头，却上心头。

水调歌头·明月几时有

苏轼

明月几时有？把酒问青天。不知天上宫阙，今夕是何年。我欲乘风归去，又恐琼楼玉宇，高处不胜寒。起舞弄清影，何似在人间。　　转朱阁，低绮户，照无眠。不应有恨，何事长向别时圆？人有悲欢离合，月有阴晴圆缺，此事古难全。但愿人长久，千里共婵娟。

江城子·乙卯正月二十日夜记梦

苏轼

十年生死两茫茫，不思量，自难忘。千里孤坟，无处话凄凉。纵使相逢应不识，尘满面，鬓如霜。　　夜来幽梦忽还乡，小轩窗，正梳妆。相顾无言，惟有泪千行。料得年年肠断处，明月夜，短松冈。

渔家傲·秋思

范仲淹

塞下秋来风景异，衡阳雁去无留意。四面边声连角起，千嶂里，长烟落日孤城闭。

浊酒一杯家万里，燕然未勒归无计。羌管悠悠霜满地，人不寐，将军白发征夫泪。

浣溪沙·一曲新词酒一杯

晏殊

一曲新词酒一杯，去年天气旧亭台。夕阳西下几时回？　　无可奈何花落去，似曾相识燕归来。小园香径独徘徊。

破阵子·为陈同甫赋壮词以寄之

辛弃疾

醉里挑灯看剑，梦回吹角连营。八百里分麾下炙，五十弦翻塞外声，沙场秋点兵。

马作的卢飞快，弓如霹雳弦惊。了却君王天下事，赢得生前身后名。可怜白发生！

青玉案·元夕

辛弃疾

东风夜放花千树，更吹落，星如雨。宝马雕车香满路。凤箫声动，玉壶光转，一夜鱼龙舞。　　蛾儿雪柳黄金缕，笑语盈盈暗香去。众里寻他千百度，蓦然回首，那人却在，灯火阑珊处。

声声慢·寻寻觅觅

李清照

寻寻觅觅，冷冷清清，凄凄惨惨戚戚。乍暖还寒时候，最难将息。三杯两盏淡酒，怎敌他、晚来风急？雁过也，正伤心，却是旧时相识。　满地黄花堆积，憔悴损，如今有谁堪摘？守着窗儿，独自怎生得黑？梧桐更兼细雨，到黄昏、点点滴滴。这次第，怎一个愁字了得！

鹊桥仙·纤云弄巧

秦观

纤云弄巧，飞星传恨，银汉迢迢暗度。金风玉露一相逢，便胜却人间无数。

柔情似水，佳期如梦，忍顾鹊桥归路。两情若是久长时，又岂在、朝朝暮暮。

点绛唇·蹴罢秋千

李清照

蹴罢秋千，起来慵整纤纤手。露浓花瘦，薄汗轻衣透。　见客入来，袜刬金钗溜。和羞走，倚门回首，却把青梅嗅。

雨霖铃·寒蝉凄切

柳永

寒蝉凄切，对长亭晚，骤雨初歇。都门帐饮无绪，留恋处，兰舟催发。执手相看泪眼，竟无语凝噎。念去去，千里烟波，暮霭沉沉楚天阔。　多情自古伤离别，更那堪，冷落清秋节！今宵酒醒何处？杨柳岸，晓风残月。此去经年，应是良辰好景虚设。便纵有千种风情，更与何人说？

望海潮·东南形胜

柳永

东南形胜，三吴都会，钱塘自古繁华。烟柳画桥，风帘翠幕，参差十万人家。云树绕堤沙，怒涛卷霜雪，天堑无涯。市列珠玑，户盈罗绮，竞豪奢。　重湖叠巘清嘉，有三秋桂子，十里荷花。羌管弄晴，菱歌泛夜，嬉嬉钓叟莲娃。千骑拥高牙，乘醉听箫鼓，吟赏烟霞。异日图将好景，归去凤池夸。

九、现代诗训练

我愿做岱庙里的那一切

吕凯

我愿做岱庙里的一株汉柏，
去见证王朝的兴衰更替，
去经历历史的轮回变换。
我愿做岱庙里的一条鱼儿，
去贪婪地享受五湖四海的游客带给我的美食，
在皇家池塘里，安逸自在地畅游。
我愿做岱庙里的奇树，
生长在皇家的土壤里，
贪婪地享受着大自然恩赐的阳光雨露。
我愿做岱庙里大殿前的神兽，
用我的神情去彰显皇家的威严。
我愿做岱庙里的石碑，
用自己的身体来记录名人骚客的墨宝真迹。
我愿做岱庙里的一草一木，
用自己的生命去细细品味国泰民安之城的悠然生活。

我愿做岱庙里的……

面朝大海，春暖花开

海子

从明天起，做一个幸福的人
喂马、劈柴，周游世界
从明天起，关心粮食和蔬菜
我有一所房子，面朝大海，春暖花开
从明天起，和每一个亲人通信
告诉他们我的幸福
那幸福的闪电告诉我的
我将告诉每一个人
给每一条河每一座山取一个温暖的名字
陌生人，我也为你祝福
愿你有一个灿烂的前程
愿你有情人终成眷属
愿你在尘世获得幸福
我只愿面朝大海，春暖花开

再别康桥

徐志摩

轻轻的我走了，
正如我轻轻的来；
我轻轻的招手，
作别西天的云彩。
那河畔的金柳，
是夕阳中的新娘；

波光里的艳影，
在我的心头荡漾。
软泥上的青荇，
油油的在水底招摇；
在康河的柔波里，
我甘心做一条水草！
那榆荫下的一潭，
不是清泉，是天上虹；
揉碎在浮藻间，
沉淀着彩虹似的梦。
寻梦？撑一支长篙，
向青草更青处漫溯；
满载一船星辉，
在星辉斑斓里放歌。
但我不能放歌，
悄悄是别离的笙箫；
夏虫也为我沉默，
沉默是今晚的康桥！
悄悄的我走了，
正如我悄悄的来；
我挥一挥衣袖，
不带走一片云彩。

雨巷

戴望舒

撑着油纸伞，独自
彷徨在悠长、悠长

又寂寥的雨巷
我希望逢着
一个丁香一样地
结着愁怨的姑娘
她是有
丁香一样的颜色
丁香一样的芬芳
丁香一样的忧愁
在雨中哀怨
哀怨又彷徨
她彷徨在这寂寥的雨巷
撑着油纸伞
像我一样
像我一样地
默默彳亍着
冷漠、凄清，又惆怅
她静默地走近
走近，又投出
太息一般的眼光
她飘过
像梦一般地
像梦一般地凄婉迷茫
像梦中飘过
一枝丁香地
我身旁飘过这个女郎
她默默地远了、远了
到了颓圮的篱墙

走尽这雨巷
在雨的哀曲里
消了她的颜色
散了她的芬芳
消散了，甚至她的
太息般的眼光
丁香般的惆怅
撑着油纸伞，独自
彷徨在悠长、悠长
又寂寥的雨巷
我希望飘过
一个丁香一样地
结着愁怨的姑娘

致橡树

舒婷

我如果爱你——
绝不像攀援的凌霄花，
借你的高枝炫耀自己；
我如果爱你——
绝不学痴情的鸟儿，
为绿荫重复单调的歌曲；
也不止像泉源，
常年送来清凉的慰藉；
也不止像险峰，
增加你的高度，衬托你的威仪。
甚至日光，

甚至春雨。
不，这些都还不够！
我必须是你近旁的一株木棉，
作为树的形象和你站在一起。
根，紧握在地下；
叶，相触在云里。
每一阵风过，
我们都互相致意，
但没有人，
听懂我们的言语。
你有你的铜枝铁干，
像刀，像剑，也像戟；
我有我红硕的花朵，
像沉重的叹息，
又像英勇的火炬。
我们分担寒潮、风雷、霹雳；
我们共享雾霭、流岚、虹霓。
仿佛永远分离，
却又终身相依。
这才是伟大的爱情，
坚贞就在这里：
爱——
不仅爱你伟岸的身躯，
也爱你坚持的位置，
足下的土地。

回答

北岛

卑鄙是卑鄙者的通行证，
高尚是高尚者的墓志铭，
看吧，在那镀金的天空中，
飘满了死者弯曲的倒影。
冰川纪过去了，
为什么到处都是冰凌？
好望角发现了，
为什么死海里千帆相竞？
我来到这个世界上，
只带着纸、绳索和身影，
为了在审判前，
宣读那些被判决的声音。
告诉你吧，世界
我——不——相——信！
纵使你脚下有一千名挑战者，
那就把我算作第一千零一名。
我不相信天是蓝的，
我不相信雷的回声，
我不相信梦是假的，
我不相信死无报应。
如果海洋注定要决堤，
就让所有的苦水都注入我心中，
如果陆地注定要上升，
就让人类重新选择生存的峰顶。

新的转机和闪闪星斗，
正在缀满没有遮拦的天空。
那是五千年的象形文字，
那是未来人们凝视的眼睛。

远和近

顾城

你，
一会看我，
一会看云。
我觉得，
你看我时很远，
你看云时很近。

断章

卞之琳

你站在桥上看风景，
看风景人在楼上看你。
明月装饰了你的窗子，
你装饰了别人的梦。

相信未来

食指（郭路生）

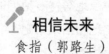

当蜘蛛网无情地查封了我的炉台，
当灰烬的余烟叹息着贫困的悲哀，
我依然固执地铺平失望的灰烬，

用美丽的雪花写下：相信未来。
当我的紫葡萄化为深秋的露水，
当我的鲜花依偎在别人的情怀，
我依然固执地用凝霜的枯藤，
在凄凉的大地上写下：相信未来。
我要用手指那涌向天边的排浪，
我要用手掌那托住太阳的大海，
摇曳着曙光那支温暖漂亮的笔杆，
用孩子的笔体写下：相信未来。
我之所以坚定地相信未来，
是我相信未来人们的眼睛——
她有拨开历史风尘的睫毛，
她有看透岁月篇章的瞳孔。
不管人们对于我们腐烂的皮肉，
那些迷途的惆怅、失败的苦痛，
是寄予感动的热泪、深切的同情，
还是给以轻蔑的微笑、辛辣的嘲讽。
我坚信人们对于我们的脊骨，
那无数次的探索、迷途、失败和成功，
一定会给予热情、客观、公正的评定，
是的，我焦急地等待着他们的评定。
朋友，坚定地相信未来吧，
相信不屈不挠的努力，
相信战胜死亡的年轻，
相信未来，热爱生命。

一代人

顾城

黑夜给了我黑色的眼睛，
我却用它寻找光明。

错误

郑愁予

我打江南走过，
那等在季节里的容颜如莲花的开落，
东风不来，三月的柳絮不飞，
你底心如小小的寂寞的城，
恰若青石的街道向晚，
跫音不响，三月的春帷不揭，
你底心是小小的窗扉紧掩，
我达达的马蹄是美丽的错误，
我不是归人，是个过客……

热爱生命

汪国真

我不去想，
是否能够成功，
既然选择了远方，
便只顾风雨兼程。
我不去想，
能否赢得爱情，
既然钟情于玫瑰，

就勇敢地吐露真诚。
我不去想，
身后会不会袭来寒风冷雨，
既然目标是地平线，
留给世界的只能是背影。
我不去想，
未来是平坦还是泥泞，
只要热爱生命，
一切，都在意料之中。

一棵开花的树

席慕蓉

如何让你遇见我，
在我最美丽的时刻。
为这，
我已在佛前求了五百年，
求佛让我们结一段尘缘。
佛于是把我化作一棵树，
长在你必经的路旁。
阳光下，
慎重地开满了花，
朵朵都是我前世的盼望。
当你走近，
请你细听，
那颤抖的叶，
是我等待的热情。
而当你终于无视地走过，

在你身后落了一地的，
朋友啊，
那不是花瓣，
那是我凋零的心。

你是人间的四月天

林徽因

我说你是人间的四月天；
笑响点亮了四面风；
轻灵在春的光艳中交舞着变。
你是四月早天里的云烟，
黄昏吹着风的软，
星子在无意中闪，
细雨点洒在花前。
那轻，那娉婷，你是，
鲜妍百花的冠冕你戴着，
你是天真，庄严，
你是夜夜的月圆。
雪化后那片鹅黄，你像；
新鲜初放芽的绿，你是；
柔嫩喜悦，
水光浮动着你梦期待中白莲。
你是一树一树的花开，
是燕在梁间呢喃，
——你是爱，是暖，
是希望，
你是人间的四月天！

偶然

徐志摩

我是天空里的一片云，
偶尔投影在你的波心——
你不必讶异，
更无须欢喜——
在转瞬间消灭了踪影。
你我相逢在黑夜的海上，
你有你的，我有我的，方向；
你记得也好，
最好你忘掉，
在这交会时互放的光亮！

镜中

张枣

只要想起一生中后悔的事，
梅花便落了下来。
比如看她游泳到河的另一岸，
比如登上一株松木梯子，
危险的事固然美丽，
不如看她骑马归来，
面颊温暖，
羞惭。低下头，回答着皇帝，
一面镜子永远等候她，
让她坐到镜中常坐的地方，
望着窗外，只要想起一生中后悔的事，
梅花便落满了南山。

门前

顾城

我多么希望，有一个门口
早晨，阳光照在草上
我们站着
扶着自己的门扇
门很低，但太阳是明亮的
草在结它的种子
风在摇它的叶子
我们站着，不说话
就十分美好
有门，不用开开
是我们的，就十分美好
早晨，黑夜还要流浪
我们把六弦琴交给他
我们不走了
我们需要土地
需要永不毁灭的土地
我们要乘着它
度过一生
土地是粗糙的，有时狭隘
然而，它有历史
有一份天空，一份月亮
一份露水和早晨
我们爱土地
我们站着

用木鞋挖着泥土
门也晒热了
我们轻轻靠着，十分美好
墙后的草
不会再长大了
它只用指尖，触了触阳光

附录 A

练声参考流程

（1）气泡音：开口、闭口共 30 秒。

（2）轻度鼻音哼鸣《天空之城》2 遍。

（3）嚼：开口、闭口各 20 次，共 30 秒。

（4）挺：5 次，10 秒。

（5）咧：15 次（撅、抿为一次），45 秒。

（6）转：左 15 圈、右 15 圈，30 秒。

（7）喷：30 次，30 秒。

（8）顶：30 次（左右各 15 次），30 秒。

（9）刮：10 次，每次 10～20 秒。

（10）转：20 次，20 秒。

（11）弹：1 分钟。

（12）膈肌训练："嘿""哈"共 30 秒。

（13）慢吸慢呼、慢吸快呼、快吸慢呼各 2 次，每次 20 秒。呼气发"si"音。

（14）"10 秒"呼吸训练：呼气伴随鼻音哼鸣。这个练习一共 9 组，每一组的持续时间是 10 秒。这 10 秒分为两部分，分别是吸气部分和呼气部分。这两部分的时长相加为 10 秒，比如第一组是 1 秒的吸气时间，相对应的就是 9 秒的呼气时间，以此类推，见表 A−1。

表 A.1 “10 秒”呼吸训练　　单位：秒

吸气	1	2	3	4	5	6	7	8	9
呼气	9	8	7	6	5	4	3	2	1

（15）快发“d”“g”“da”“ga”60 次，30 秒。

（16）快发“d”“t”“n”“l”10～20 次。

（17）咬字头训练。

ba bi bu　pa pi pu　ma mi mu　fa fu　da di du　ta ti tu　na ni nu

la li lu　ga gu　ka ku　ha hu　jia ji ju　qia qi qu　xia xi xu

zha zhi zhu　cha chi chu　sha shi shu　ra ri ru　za zi zu　ca ci cu

sa si su

（18）数“枣儿”：要求尽可能一口气数 20 个以上“枣儿”，2 次，2 分钟。数“枣儿”不要待气息尽竭再停止。“∧”是换气符号。

出东门儿，过大桥，大桥底下一树枣儿，拿着竿子去打枣儿，青的多，红的少：∧一个枣、两个枣……九个枣、十个枣、九个枣……两个枣、一个枣、两个枣……这是一个绕口令，一口气说完才算好！

（19）朗读 50 篇普通话水平测试指定稿件。

参考文献

[1] 中国社会科学院语言研究所词典编辑室. 现代汉语词典[M]. 7 版. 北京：商务印书馆，2016.

[2] 张颂. 中国播音学[M]. 北京：北京广播学院出版社，2003.

[3] 吴弘毅. 实用播音教程：第一册　普通话语音和播音发声[M]. 北京：北京广播学院出版社，2002.

[4] 徐恒. 播音发声学[M]. 北京：中国传媒大学出版社，2006.

[5] 卡莱-热尔曼，热尔曼. 发音解剖书[M]. 徐文，译. 郑州：河南科学技术出版社，2022.

[6] 赵秀环. 播音主持快速入门十八招儿. 北京：中国传媒大学出版社，2011.